JN415765

AI와 초등교육

인공지능총서

인공지능 시대입니다. 기계가 인간의 인지를 대신하고, 사물이 인간을 통하지 않고 다른 사물과 직접 커뮤니케이션합니다. 이에 따른 인간 삶과 문명 변화를 정확히 이해·예측·대응하는 것은 이 시대 우리 모두의 과제입니다. 인공지능총서는 인공지능 기술과 환경의 여러 주제를 10가지 키워드로 정리합니다. 관련 개념과 이론, 학계와 산업계의 쟁점, 우리 일상의 변화를 다룹니다. 인간과 기술의 현재, 미래를 세심히 분석합니다.

일러두기

- 인명, 작품명, 저서명, 개념어 등은 한글과 함께 괄호 안에 해당 국가의 원어를 병기했습니다.
- 외래어 표기는 현행 어문규정의 외래어표기법을 따랐습니다.

처음이세요?

전문가세요?

AI와 초등교육

신승기

대한민국, 서울, 커뮤니케이션북스, 2025

AI와 초등교육

지은이 신승기
펴낸이 박영률

초판 1쇄 펴낸날 2025년 10월 10일

커뮤니케이션북스(주)
출판 등록 2007년 8월 17일 제313-2007-000166호
02880 서울시 성북구 성북로 5-11
전화(02) 7474 001, 팩스(02) 736 5047
commbooks@commbooks.com
www.commbooks.com

ISBN 979-11-430-0888-6 03500

책값은 뒤표지에 표시되어 있습니다.

차례

AI와 초등교육

AI 기술의 발전은 학생들이 문제를 탐구하고 창의적으로 해결하는 능력을 요구하고 있다. 이러한 시대적 요구에 맞춰 초등교육은 새로운 교육 방법과 전략을 통해 학생들의 사고력을 확장하고 미래 사회에 대비할 수 있도록 변화해야 한다. AI는 초등교육에서 하나의 학습 도구를 넘어 학습자 중심 교육을 실현하고 맞춤형 학습 환경을 조성하는 중요한 역할을 하게 될 것이다.

이 책은 인공지능이 초등교육에 미치는 영향을 이해하고, AI 시대에 걸맞은 교육적 실천을 고민하는 다양한 독자를 대상으로 한다. AI를 교육 현장에 효과적으로 도입하고자 하는 초등교사와 AI 시대 교사로서 역량을 키우려는 예비교사들에게는 컴퓨팅 사고력, 디지털 소양, AI + X 융합 교육 등 최신 교육 트렌드를 반영한 수업 설계 방법과 사례를 통해 교실에서 활용할 수 있는 실제적인 도움을 제공한다. 또한 AI 도구 활용법과 학생의 학습 성장을 지원하는 맞춤형 지도 전략을 소개하며, 교사를 비롯해 AI교육과 활용에 관심이 있는 학부모들에게도 실천적 정보를 제공해 가정에서도 실천할 수 있는 AI 관련 학습 활동과 디지털 소양 교육 방법을 제안한다.

인공지능 기술의 급격한 발전은 초등교육 현장에 새로운 과제를 제시하고 있다. 이 책은 컴퓨팅 사고력, 구성주의, 교육과정, AI + X, 디지털 소양 등의 주제를 중심으로 초등교육이 나아가야 할 방향을 제시한다. AI가 교사와 학생의 역할을 어떻게 변화시키는지, 새로운 시대에 필요한 역량을 어떻게 교육할 것인지에 대한 고민이 담겨 있다.

책의 구성

이 책은 다음과 같이 10개 아이템으로 구성되어 있다.

1. AI와 미래 사회: 초등교육의 역할

AI 기술이 사회 전반에 확산되며 요구되는 역량이 변화하고 있다. 이에 따라 초등교육은 학생들의 창의성, 비판적 사고, 협업 능력을 함양하는 방향으로 변화해야 한다. 미래 사회에서 학생들이 주도적으로 살아갈 수 있도록 초등교육에서 디지털 리터러시와 AI 소양이 강조된다.

2. 컴퓨팅 사고력: AI 시대의 핵심 역량

AI 시대에 필수적인 역량인 컴퓨팅 사고력은 문제를 논리적으로 분석하고 해결하는 능력이다. 추상화, 알고리즘 구성, 자료의 구조화, 자동화 등을 통해 학생들이 디지털 환경에서 창의적으로 문제를 해결할 수 있도록 돕는 교육 방법을 소개한다. 초등학생을 위한 컴퓨팅 사고력 교육 사례와 실천 방안을 제시한다.

3. 구성주의와 AI 교육: 디지털 시대의 학습 원리

구성주의는 학습자가 지식을 능동적으로 구성한다는 이론으로, AI 교육에서도 중요한 원리로 작용한다. 디지털 환경에서 학생이 문제를 탐구하고 스스로 해결책을 찾을 수 있는 구성주의적 학습 설계를 강조하며, 초등교육에서 AI 교육을 실천할 수 있는 교수 · 학습 방안을 제안한다.

4. 2022 개정 교육과정과 AI 교육

2022 개정 교육과정에서는 디지털 소양과 AI 관련 역량이 강조되고 있다. 초등학교 교육과정에서 AI 교육이 어떻게 편성되어 있는지 살펴보고, 초등학교 정보교육에서 효과적으로 실천할 수 있는 방안을 구체적으로 제시한

다. 또한 AI 교육 내용과 성취 기준을 바탕으로 학교 현장에서 실천할 수 있는 수업 설계 방향을 소개한다.

5. AI + X: 초등학교에서의 융합교육

AI는 다양한 분야와 융합되어 새로운 가치를 창출할 수 있다. 초등학교의 다양한 교과 및 활동에서 AI를 융합하는 교육 방안을 제시하며, 이를 통해 학생들이 창의력과 문제 해결 능력을 키울 수 있는 AI + X 교육 사례를 소개한다. 초등학생들이 쉽고 재미있게 참여할 수 있는 프로젝트 학습 방안도 제안한다.

6. 디지털 소양과 AI 리터러시

AI 시대에 학생들이 갖추어야 할 디지털 소양은 디지털 기술을 사용하는 능력에 더해 비판적 사고, 정보의 이해와 탐색, 데이터 활용 능력까지 포함한다. 초등학생들이 디지털 환경에서 정보를 올바르게 탐색하고 문제해결과정에서 활용할 수 있도록 데이터과학과 AI 리터러시 교육의 필요성을 강조하며 AI 사고력을 기반으로 구체적인 실천 방안을 소개한다.

7. 초등학교에서 AI 활용의 세 가지 관점

학교 안의 AI에 대한 세 가지 관점으로 튜터, 튜티, 도구를 제시한다. 교사를 도와주는 AI, 학습이 필요한 AI, 디지털 시대의 도구로서 AI로 구분해 설명하며, 교육적 관점으로 AI가 학교 현장에서 활용될 수 있는 실천적 방안을 소개한다. 특히 AI를 단지 사용되는 기술이 아니라 함께 성장하는 관점으로 제시한다.

8. AI와 초등교사의 역할 변화

AI 기술이 교육 현장에 도입되면서 교사의 역할은 학습 촉진자 및 코치로 변화하고 있다. AI 시대에 요구되는 역량과 전문성 강화를 위한 방안을 제시하며, 교사가 AI 기술을 활용해 학생들의 학습을 효과적으로 지원할 수 있는 교수 전략을 소개한다.

9. AI 교육을 위한 학교와 가정의 협력

AI 교육의 효과를 높이기 위해서는 학교와 가정의 긴밀한 협력이 필요하다. 학부모가 학생들의 AI 학습을 지원할 수 있도록 디지털 소양을 강화하는 방법을 제시하며, 학교와 가정이 함께할 수 있는 AI 학습 프로젝트 모델을 소개한다. AI 학습의 일상화를 위한 실천 방안도 포함된다.

10. AI 시대의 교육철학과 윤리

AI 기술이 교육 현장에 도입되면서 새로운 교육철학과 윤리적 기준이 요구된다. 인간 중심의 AI 교육을 실현하기 위한 교육적 방향성을 제시하며, AI 기술을 윤리적이고 책임감 있게 사용할 수 있도록 돕는 방안을 제안한다. 교육 현장에서 실천 가능한 AI 윤리 교육에 대해서도 함께 소개한다.

01
AI와 미래 사회: 초등교육의 역할

사회가 요구하는 핵심 역량 자체가 변하고 있기에, 가장 근본적인 교육 단계인 초등교육에서부터 이에 대한 준비가 필요하다. AI가 일상화되고 보편화되는 사회에서 아이들이 '인간답게' 살아가기 위해 필요한 역량은 무엇이며, 미래 사회를 준비하기 위한 그 출발선이 되는 교육은 어떤 모습이어야 할까? 이러한 질문은 오늘날 초등교육의 핵심 과제가 되고 있다.

기후 위기와 인공지능?

인공지능과 사회 변화

21세기의 시작과 함께 디지털 기술이 급속히 발전해오고 있었지만, 인공지능의 등장은 그 흐름에 가속도를 붙였다. 특히 최근 몇 년간 등장한 생성형 AI, 자율주행 기술, 맞춤형 추천 알고리즘은 인간의 사고, 창작, 판단을 보조하거나 대체하는 수준으로 진화하고 있다. 세계경제포럼(World Economic Forum, 2023)은 향후 5년 내 8,500만 개의 일자리가 사라지고, 동시에 9,700만 개의 새로운 일자리가 생성될 것이라 전망하며, AI로 대표되는 자동화 기술이 노동 시장과 사회 구조 전반에 걸쳐 큰 변화를 초래할 것임을 시사했다.

이러한 변화는 단지 성인의 직업 세계에만 영향을 주는 것이 아니다. 사회가 요구하는 핵심 역량 자체가 변하고 있기에, 가장 근본적인 교육 단계인 초등교육에서부터 이에 대한 준비가 필요하다. 헌법 제31조에는 "모든 국민이 능력에 따라 균등하게 교육을 받을 권리"가 보장된다고 명시하고 있으며, 초·중등교육법 제38조에서는 초등학교 교육 목적을 "국민생활에 필요한 기초적인 초등교육"이라고 하였다. AI가 보편화되는 사회에서 필요한 교육은 무엇일까? 이러한 질문은 오늘날 초등교육의 핵심 과제가 되고 있다.

변화하는 사회, 변화하는 역량

과거에는 지식을 많이 알고, 그것을 빠르고 정확하게 적용할 수 있는 사람이 '유능한 사람'으로 평가받았다. 그러나 AI가 단순 정보의 저장과 검색, 계산, 번역 등의 능력을 빠르게 대체하면서, 인간 고유의 사고 방식이 더욱 중요해지고 있다. 특히 미래 사회에서 강조되는 4C 역량, 즉 창의성(Creativity), 비판적 사고(Critical Thinking), 협업(Collaboration), 의사소통(Communication)은 AI가 흉내 내기 어려운 인간 중심의 고차 사고 능력이다.

OECD(2020)는 미래 교육이 나아가야 할 방향으로 '학습자 주도성(Learner Agency)', 즉 학습자가 자신의 학습을 주도하고 책임지는 능력을 강조한다. 이는 AI 시대에 필요한 인간의 역할이 '수동적 정보 수용자'가 아닌 '능동적 문제 해결자'임을 보여 준다. 초등학생들이 이러한 주체적 태도와 역량을 기를 수 있도록 교육과정과 수업 방식이 전환되어야 하며, 특히 조기 디지털 리터러시와 AI 이해 교육은 선택이 아닌 필수가 되고 있다.

어떤 초등학교 수업에서 'AI는 친구일까, 도구일까?'라는 주제로 토론을 진행한다고 가정해 보자. 이 활동은 학생들이 AI를 단순히 기능적으로 이해하는 데 그치지 않고, 기술의 의미와 영향력을 성찰하게 한다. 이런 수업은 비판적 사고와 의사소통 능력을 동시에 길러 주며, 기술과 인간의 관계에 대한 성찰적 시각을 갖게 한다. 따라서, 변화하는 사회에서는 단지 인공지능과 같은 새로운 기술에 대한 편의성을 기반으로 소비적 관점으로 접근하기보다 비판적인 고민을 통해 생산적 도구로 활용할 수 있는 의미 있는 학습자 중심의 접근이 요구된다.

초등교육의 새로운 미션: '기초'에서 '기반'으로

과거 전통적인 교육이 목표로 삼았던 지식의 학습에 기반을 둔 '기초교육'은은 미래 사회의 예측하기 어려운 다양한 문제를 해결하기 어려울 것이라는 사실에 직면해 있다. AI와 디지털 기술이 인간 삶의 기반을 구성하는 시대에, 초등교육은 '기초'가 아닌 '기반'을 다지는 교육으로 탈바꿈해야 한다. 기반으로서의 교육은 학생들이 살아갈 세상을 이해하고, 스스로 배우며, 책임 있는 시민으로 성장하기 위한 역량을 의미한다.

여기에는 세 가지 축을 기반으로 설명할 수 있다. 첫째, 앤더슨과 크라스월(Anderson & Krathwohl, 2001)이 블룸의 텍사노미를 기반으로 교육의 목적을 설명하는 관점에서, 지식에 대한 암기에서 벗어나 지식의 구조를 이해하고 활용하는 사고력 교육으로 확장하는 개념으로 살펴볼 수 있다. 이는 단순한 정보 암기가 아니라 지식 사이의 관계를 탐색하고 문제 상황에 적용할 수 있는 능력이 필요함을 의미한다. 둘째, 골먼(Goleman, 1995)이 설명한 정서 지능과 감성적 공감력이다. AI가 사람의 감정을 이해하고 반응할 수 있는 수준에 도달하고 있지만, 진정한 공감과 도덕적 판단은 여전히 인간 고유의 능력이며 사회적 관계와 도덕성에 더해 정서 지능이 중요함을 설명한다. 셋째, 리블(Ribble, 2011)과 플로리디(Floridi, 2013)가 제시한 기술의 윤리적 활용과 디지털 시민성이다. 인간 중심의 책임 있는 기술 활용에 대한 디지털 시민성 교육과 디지털 세계의 행동이 사회에 미치는 영향을 이해하고, 책임 있게 기술을 사용할 수 있는 윤리적 활용에 대한 교육이 포함된다.

유네스코(UNESCO, 2021)는 'AI와 교육에 관한 권고안'에서 "AI는 교육에서 유익하게 활용될 수 있으나, 교육은 인간 중심의 가치를 반영하며 AI의 설계와 사용에 대한 윤리적 성찰을 동반해야 한다"고 강조했다. 이는 초등교육 단계부터 인간 중심의 기술 이해와 윤리적 사고를 기르는 것이 중요하다는 점을 시사한다.

학생 중심 수업으로의 전환: 교사의 역할 재구성

AI 기술의 발전과 도입은 초등교육 현장의 수업 방식에도 큰 변화를 가져오고 있다. 전통적으로 교사는 교과 지식을 전달하고 학생들은 그것을 받아들이는 지식 전달자와 지식 수용자로서의 역할을 했지만, AI 기술의 도입은 교사의 역할을 '학습 촉진자(facilitator)'로 전환시키고 있다(Yuna et al, 2025). 이는 단순히 기술을 활용하는 수준을 넘어, 학습의 구조와 방향을 설계하고 학생의 사고를 확장시키는 전문성의 발휘를 요구하며, 지식 전달자에서 높은 수준의 사고력과 비판적 사고를 제공하는 촉진자로 역할이 변화한다는 것을 의미한다(Nagarajan, 2023; Gentile et al., 2023).

수업 상황을 가정하여, 어떤 교사가 학생들에게 뉴스 기사 생성 AI를 보여 준 후, "이 기사는 진짜일까?"라고 질문하는 상황을 생각해 보자. 학생들은 AI가 만든 콘텐츠의 신뢰성, 근거, 표현 방식 등을 분석하고, 스스로 판단하는 과정에 참여한다. 이러한 활동은 비판적 사고를 촉진할 뿐만 아니라 정보의 진위를 파악하고 디지털 시민으로서 책임감을 함양할 수 있게 한다.

이러한 수업에서는 교사의 질문 설계 역량이 핵심이

된다. 단순한 정답 유도형 질문이 아니라, 열린 질문과 탐색적 질문을 통해 학생들이 '질문을 스스로 만들 수 있도록' 안내하는 것이 중요하다. 예를 들어, "AI는 우리가 생각을 덜 하게 만들까, 더 하게 만들까?"라는 질문은 학생 개개인의 사고를 자극하고 토론과 반성적 사고를 유도한다.

또한 AI 기반 분석 도구를 활용한 형성평가는 교사에게도 새로운 가능성과 시간 및 여건을 제공한다. 학생들의 학습 활동 데이터를 바탕으로 실시간 피드백을 제공하거나, 특정 개념에 대한 이해도를 빠르게 파악해 수업을 조정하는 것을 보다 쉽게 지원할 수 있게 되었으며, 이는 학습자의 학습 격차를 줄이고 개별 맞춤형 지도에 기여할 수 있는 중요한 교육적 혁신으로 작용한다(U. S. Department of Education, 2023).

디지털 소양과 AI 리터러시: 초등교육의 핵심

디지털 환경 속에서 초등학생들은 이미 스마트폰, 태블릿, 인터넷을 익숙하게 사용하고 있다. 그러나 '익숙함'이 곧 '이해'를 의미하지는 않는다. 정보 탐색 능력, 데이터 해석력, 온라인에서 책임감 있는 행동 등은 디지털 시민으로 성장하기 위한 중요한 요소다. 이러한 역량을 '디지털 소양(digital literacy)'이라 부르며(Poth, 2023), 그 하위 영역으로 'AI 리터러시(AI literacy)'가 강조되고 있다(Long & Magerko, 2020).

AI 리터러시는 AI가 무엇인지, 어떻게 작동하는지, 어떤 영향을 미치는지, 그리고 어떤 윤리적 문제를 내포하고 있는지를 이해하는 능력을 말한다(Tan et al., 2025). 이는 기술 지식을 전달하는 것만이 아니라, 기술을 바라보는 태도와 사회적 맥락에 대한 이해를 포함한다. 예를 들어, 초등학생들은 "AI는 사람처럼 생각할 수 있을까?", "AI가 만든 미술 작품은 진짜 예술일까?"와 같은 질문을 통해 인간과 기계의 경계를 탐색하고, 창의적이고 비판적인 시각을 기를 수 있다.

또한, AI 리터러시 교육은 정보의 신뢰성을 판단하는 능력과도 연결된다. 인터넷 공간에는 알고리즘에 의해 조작된 정보, 클릭 유도를 위한 자극적 콘텐츠, 인공지능이 생성한 허위 정보 등이 넘쳐 나며, 이를 구별하고 판단하는 능력은 초등교육에서부터 기초를 다져야 한다. 교육부의 '디지털 기반 교육 전환 종합방안'(2023)에서도 초등학교 단계부터 AI 리터러시 함양이 필요하다고 명시하고 있으며, 이는 AI에 대한 교육과 AI를 활용한 교과 융합을 통해 구현될 수 있다.

교육 생태계의 재구성: 공동 책임의 시대

AI 시대의 교육 혁신은 단지 교실 안에서 끝나는 문제가 아니다. 학생의 학습과 성장은 교사, 학부모, 지역사회, 정책 결정자가 함께 만들어 가는 교육 생태계의 결과물이다. 특히 초등교육은 학생의 삶과 가장 밀접한 곳에서 이루어지기 때문에, 학교와 가정의 협력은 그 어느 때보다 중요하다.

가정에서는 자녀의 기술 사용을 단순히 '통제'하는 데 그치지 않고, 함께 사용하는 '동반자'의 태도를 지녀야 한다(Zhang et al., 2025, Stanford University, 2025). 예를 들어, 부모가 자녀와 함께 AI 스피커를 사용하면서 "이건 어떻게 작동할까?", "우리가 말한 걸 다 기억할까?"와 같은 질문을 던질 때, 아이들은 기술에 대한 호기심과 동시에 윤리적 성찰을 자연스럽게 배우게 된다. 이러한 상호작용은 AI 시대에 적합한 학습 환경을 일상에서 형성해 준다.

AI에 대한 이해뿐만 아니라, 그것을 교육적으로 어떻게 활용할 것인지에 대한 전문성을 키우는 교사 지원 연수 프로그램도 함께 필요하다(Dilek et al, 2025; Shezad et al, 2025). 교사의 디지털 리터러시와 AI 활용 역량은 단지 기술 사용법을 익히는 것이 아니라, 학생 중심 수업을 설계하고 AI의 위험성을 판단할 수 있는 교육적 감수성까지 포함해야 하며, 학교 차원에서도 협업과 공유 문화, 실천적 연구를 장려하는 분위기가 조성되어야 한다.

새로운 교육의 상상력

AI와 함께 살아가는 사회는 기술이 아니라 '질문하는 인간'이 중심이 되는 사회여야 한다. 초등교육은 그 출발점이다(University of San Diego, 2025). 학생들이 기술을 '사용'하는 데 그치지 않고, 기술을 '이해'하고 '의미 있게 활용'할 수 있도록 돕는 것이 오늘날 교육의 역할이며 초등교육의 중요성이다(Guardian, 2023).

초등교사는 AI 시대의 인간 중심 교육을 위한 안내자다. 인공지능의 이면에 있는 문제를 질문할 수 있는 능력, 다른 사람과 함께 더 나은 방향을 고민할 수 있는 태도를 기를 수 있도록 이끄는 존재다(Ones, A., 2024).

우리는 지금 'AI와 함께 살아갈 아이들'을 위한 교육을 다시 상상해야 하는 시대에 서 있다. 이 책은 그 출발선에서, 초등교육이 어떻게 변화하고 어떻게 변화를 이끌 수 있을지를 함께 고민하고자 한다. 그리고 그 중심에는 항상 '사람'이 있어야 한다.

참고문헌

교육부(2023). 디지털 기반 교육혁신방안. https://www.moe.go.kr/boardCnts/viewRenew.do?boardID=72769&boardSeq=94551&lev=0&searchType=null&statusYN=W&page=1&s=moe&m=0315&opType=N

Anderson, L. W., & Krathwohl, D. R.(Eds.)(2001). *A taxonomy for learning, teaching, and assessing: A revision of Bloom's taxonomy of educational objectives*. Longman.

Dilek, M., et al.(2025). AI literacy in teacher education: Empowering educators through critical co-discovery. *Journal of Teacher Education*.

Education Perfect & News Corp Australia(2025.5.26). How AI is helping teachers in our schools. *The Advertiser* (Adelaide).

Floridi, L.(2013). *The ethics of information*. Oxford University Press.

Gentile, M., et al.(2023). Do we still need teachers? Navigating the paradigm shift of the teacher's role in the AI era. *Frontiers in Education*.

Goleman, D.(1995). *Emotional intelligence: Why it can matter more than IQ*. Bantam Books.

Long, D., & Magerko, B.(2020). What AI literacy means. In Proceedings of the 2020 CHI Conference on Human Factors in Computing Systems. ACM.

Nagarajan, P.(2023). AI in Education: Reimagining the Role of Teachers. Integra Blog.

Office of Superintendent of Public Instruction(2024.3.27). Human-Centered AI Guidance for K-12, Edition 2 [PDF]. Washington State.

Ónes, A.(2024.4.15). AI can't replace teaching, but it can make it better. WIRED.
Organisation for Economic Co-operation and Development(2019). Student Agency for 2030 (OECD Future of Education and Skills 2030 Concept Note). OECD. https://www.oecd.org/education/2030-project/learning/student-agency
Organisation for Economic Co-operation and Development(2020). Back to the Future of Education: Four OECD Scenarios for Schooling (Educational Research and Innovation). OECD Publishing. https://doi.org/10.1787/178ef527-en
Organisation for Economic Co-operation and Development(2021). Recommendation on the Ethics of Artificial Intelligence. UNESCO. https://unesdoc.unesco.org/ark:/48223/pf0000381137
Partnership for 21st Century Learning(2007). A framework for 21st century learning. P21.
Poth, R. D.(2023.11.16). *Developing students' digital citizenship skills*. Edutopia.
Ribble, M.(2011). Digital citizenship in schools: Nine elements all students should know (2nd ed.). International Society for Technology in Education.
Shezad, F., et al.(2025). AI in teacher training and professional development: A tool for continuous learning and ethical application. *Review of Education, Administration and Law*, 8(1), 79-91.
Stanford University(2025.1). Developmental Considerations and Practical Recommendations for Parents and Early Childhood

Educators Using AI Tools [White paper]. Stanford Public Scholarship.

Tan, M. C. et al.(2025). Artificial intelligence literacy education in primary schools: a review. *International Journal of Technology and Design Education.*

Trilling, B., & Fadel, C.(2009). *21st century skills: Learning for life in our times.* Jossey-Bass.

U. S. Department of Education(2023). Artificial Intelligence and the Future of Teaching and Learning: Insights and Recommendations. https://www.ed.gov/sites/ed/files/documents/ai-report/ai-report.pdf

World Economic Forum(2023). The future of jobs report 2023. World Economic Forum. https://www.weforum.org/publications/the-future-of-jobs-report-2023/

Yuna, J. et al.(2025). The Role of The Teacher as A Facilitator in Project-Based Learning with AI Support. *Al-Hijr: Journal of Adulearn World,* 4(1), 36-46.

Zhang, S., et al.(2025). Exploring families' use and co-mediation of generative AI: A multi-user perspective [Preprint]. arXiv.

02
컴퓨팅 사고력: AI 시대의 핵심 역량

컴퓨팅 사고력은 단순히 컴퓨터 프로그래밍을 배우는 기술적 훈련이 아니다. 문제를 인식하고, 체계적으로 분석하며, 추상화와 자동화의 원리를 통해 해결 방안을 모색하는 고차원적인 문제 해결 과정으로서의 사고 과정이다. 이 개념은 오늘날 디지털 문해력과 함께 교육의 핵심 역량으로 부각되고 있으며, 21세기 학습자에게 요구되는 본질적인 인지 도구로 자리 잡고 있다.

노래하는 AI 보컬?

컴퓨팅 사고력이란 무엇인가?

컴퓨팅 사고력(Computational Thinking, 이하 CT)은 단순히 컴퓨터 프로그래밍을 배우는 기술적 훈련이 아니다. 문제를 인식하고, 체계적으로 분석하며, 추상화와 자동화의 원리를 통해 해결 방안을 모색하는 고차원적인 문제 해결 과정으로서의 사고 과정이다. 이 개념은 오늘날 디지털 문해력과 함께 교육의 핵심 역량으로 부각되고 있으며, 21세기 학습자에게 요구되는 본질적인 인지 도구로 자리 잡고 있다.

이 용어의 기원은 시모어 페퍼트(Seymour Papert)가 1980년에 출간한 저서 《마인드스톰(Mindstorms)》에서 찾을 수 있다. 페퍼트는 아이들이 컴퓨터와 상호작용하며 직접 지식의 구조를 구성하고, 문제를 해결하는 과정을 통해 자신의 사고를 발전시킬 수 있다고 보았다. 그는 컴퓨터를 단순한 계산기나 지시 대상이 아니라 사고를 확장하고 구체화하여 반영(reflect)할 수 있는 생각의 대상이 되는 구체물(object to think with)이자 사고의 매개체로 보았다. 그의 구성주의적 관점(constructionism)에서 CT는 디지털 환경에서 스스로 배우며 지식을 재구성해 나가는 과정이자 자기 주도적 문제 해결의 사고 틀로 설명되고 있다.

그로부터 20여 년이 지나, 당시 카네기멜론대학교의 컴퓨터과학과 학과장이자 마이크로소프트의 부사장이었던 지넷 윙(Jeanette Wing)은 2006년에 발표한 논문을 통해 CT 개념을 학술적으로 정교화하고, 전 세계 교육계에 폭넓은 반향을 일으켰다. 윙은 CT를 컴퓨터 과학의 핵심 개념과 방법을 활용해 문제를 해결하고 시스템을 이해하며 인간의 행동을 이해하는 사고 과정이라고 정의했다. 또한, CT를 모든 사람에게 필요한 보편적 사고 능력으로 제안하면서, 컴퓨터 과학 전공자만의 전유물이 아니라 모든 학문과 직업 분야에서 요구되는 기본 역량이라고 주장했다. 특히 윙은 문제 분해, 패턴 인식, 추상화, 알고리즘 설계, 자동화 등의 구성 요소를 중심으로 CT의 구조를 설명했으며, 이는 이후 수많은 교육 커리큘럼과 정책에 반영되었다.

AI 시대에 컴퓨팅 사고력은 더욱 중요한 의미를 갖는다. 알고리즘을 설계하고 구성하는 능력만이 아니라 기계가 할 수 있는 일과 인간만이 할 수 있는 일 사이의 경계를 탐색하고, 기술을 비판적으로 활용하면서도 창의적으로 재조직할 수 있는 사고 능력이 요구된다(ACM Education Advisory Committee, 2023.8.8). 초등교육은 바로 그 출발점이자, 다음 세대에게 CT의 철학과 실천을 자연스럽게 길러 줄 수 있는 결정적 시기다(Sanford & Tang, 2024; Zhou & Zhang, 2024). 이제 우리는 '프로그래밍을 가르칠 것인가'를 넘어서, '어떻게 사고하게 할 것인가', 그리고 '어떤 인간으로 성장할 것인가'를 교육의 본질적 질문으로 삼아야 한다.

왜 초등학생에게 컴퓨팅 사고력이 필요한가?

컴퓨팅 사고력은 초등학생이 미래 사회에서 주체적으로 살아가기 위해 반드시 갖추어야 할 핵심 역량이다(Barr & Stephenson, 2011). 초등학생은 인지적으로 유연하고, 새로운 개념에 대한 호기심이 많으며, 실수를 두려워하지 않고 탐색적인 성향이 강하다. 이러한 발달 특성은 문제를 다양한 관점에서 바라보고, 스스로 해결 방법을 탐색하려는 컴퓨팅 사고력의 특성과 연계되는 특징이다. 따라서 이 시기의 컴퓨팅 사고력은 사고의 틀을 형성하는 데 더욱 결정적인 영향을 미친다.

컴퓨팅 사고력은 문제를 분석하고 구성 요소로 나누며, 불필요한 정보를 제거하고 핵심 개념을 추상화하는 능력을 포함한다(Wing, 2006). 또한 효율적인 해결 방안을 순차적 논리로 표현하는 알고리즘적 사고까지 포함하는 종합적 사고 과정이다(Brennan & Resnick, 2012;

Shute et al., 2017). 이 같은 사고는 학생들로 하여금 정답을 찾는 데서 그치지 않고, 문제를 어떻게 정의하고 해결할지에 대해 주도적으로 사고하게 만든다.

컴퓨팅 사고력은 모든 교과와 연계 가능한 융합적 사고력이다. 미술 시간에는 패턴과 반복의 구조를 이해하고, 음악 시간에는 리듬과 음형의 규칙성을 탐색하며, 수학 시간에는 문제 해결 전략을 수립하고, 사회 시간에는 복잡한 현상을 논리적으로 분석할 수 있도록 돕는다. 교과 간 경계를 넘나드는 사고의 유연성과 구조적 사고력은 학생들의 전반적인 학습 능력을 높이는 데 기여한다.

무엇보다 AI 시대의 교육은 정보 활용과 문제 해결 능력을 넘어, 기술을 비판적으로 수용하고 윤리적으로 활용할 수 있는 판단력을 요구한다. 학생들은 이제 단순한 기술 사용자에서 벗어나, 기술이 사회에 미치는 영향을 이해하고, 그 한계와 가능성을 함께 고민하는 시민으로 성장해야 한다. 컴퓨팅 사고력은 바로 이러한 비판적 사고와 문제 해결의 기초를 제공하는 사고 도구이며, 초등학생 시기는 그 기초를 자연스럽고 지속적으로 형성할 수 있는 가장 적절한 시기다.

컴퓨팅 사고력의 핵심 요소

컴퓨팅 사고력은 문제를 구조화하고 해결하기 위한 전략적 사고 능력의 집합이다(Wing, 2006). 이는 복잡한 문제를 효과적으로 해결하고, 효율적인 시스템을 설계하며, 새로운 해결책을 모색할 수 있도록 돕는 고차원적 사고력이다. 컴퓨팅 사고력은 독립적인 하나의 능력이 아니라, 서로 연결된 다양한 사고 방식이 통합된 복합적인 역량이다. 대표적으로는 분해(Decomposition), 패턴 인식(Pattern Recognition), 추상화(Abstraction), 알고리즘(Algorithm), 자동화(Automation) 등 다섯 가지 요소로 설명할 수 있다(Shute et al, 2017; Gadanidis, 2015).

분해: 복잡함을 다루는 첫걸음

분해는 복잡한 문제를 작고 이해 가능한 단위로 나누는 사고 과정이다. 이 과정은 문제의 복잡도를 낮춰 주고, 각각의 하위 요소를 단계적으로 해결할 수 있게 한다(Dietz et al., 2019). 예를 들어 초등학생이 '나만의 게임 만들기'라는 프로젝트를 수행할 때, 이를 등장인물 구성, 배경 설정, 게임 규칙 설계, 인터페이스 디자인 등으로 나누는 것이 분해를 수행하는 것이다. 분해를 통해 문제를 작은 단위로 나누는 과정은 학습자의 문제 해결 부담을 줄이고, 단계별 사고를 유도하는 데 효과적이다(Rich et al, 2019). 초등교육에서는 특히 학생의 인지 발달 수준에 맞추어 과제를 구조화하고, 해결 과정의 부담을 경감하는 전략으로 분해 과정을 적극 활용할 수 있다.

패턴 인식: 규칙과 질서를 발견하는 힘

패턴 인식은 다양한 문제나 현상 속에서 반복되는 요소나 공통점을 찾아내는 능력이다. 이는 학습자가 기존 경험을 바탕으로 새로운 상황을 유추하거나 예측할 수 있게 하며, 창의적 문제 해결에도 기여한다. 예컨대 수학 수업에서 도형의 변환 규칙을 파악하거나, 과학 실험에서 반복적으로 나타나는 결과를 기반으로 원인을 추론하는 활동은 패턴 인식 능력을 강화하는 과정이다. 슈트 외(Shute et al., 2017)는 패턴 인식 능력이 문제 해결의 전제 조건으로, 예측 가능성과 논리적 판단을 가능하게 한다고 강조한다. 특히 초등학생의 경우 다양한 놀이나 탐색 중심 활동을 통해 패턴을 발견하고 그 의미를 스스로 도출하도록 하는 것이 효과적이다(Sáez-López et al, 2016; Bers, 2018).

추상화: 본질을 꿰뚫는 전략

추상화는 복잡한 정보 속에서 핵심만을 선택하고, 불필요한 세부 정보를 제거하는 사고 전략이다. 이는 문제 해결의 효율성을 높이고, 핵심 개념에 대한 명료한 이해를 돕는다(Grover & Pea, 2013; Wing, 2006). 브레넌과 레스닉(Brennan & Resnick, 2012)은 추상화를 '정보의 단순화 및 구조화'로 정의하며, 컴퓨팅 사고력 구성 요소 중에서도 고차원적 인지 능력을 요구하는 영역으로 본다. 초등학생에게 추상화는 다소 어려울 수 있으나, 적절한 맥락과 도구를 활용하면 자연스럽게 익힐 수 있다. 예를 들어 '학교에서 도서관까지 가는 길 안내 앱 만들기'라는 활동에서, 모든 교실 정보를 담기보다 필요한 주요 경로만을 선택해 구성하는 것은 추상화 사고의 실제 적용 사례다.

알고리즘: 절차적 문제 해결의 핵심

알고리즘은 문제를 해결하기 위한 절차를 순차적이고 논리적인 단계로 정리하는 일련의 과정이다. 이때 알고리즘은 컴퓨터 코드뿐 아니라 일상생활의 문제 해결에도 적용되는 보편적인 절차다. 예를 들어, 아침 준비를 '일어나기 → 세수하기 → 옷 입기 → 아침 먹기'처럼 정의하는 것은 알고리즘을 생활 속에서 구성하는 사례다. 윙은 알고리즘적 사고가 복잡한 문제를 재현 가능하고 체계적으로 해결할 수 있는 능력을 제공한다고 강조했다(Wing, 2006). 초등학생에게는 활동 순서를 그림이나 카드로 표현하거나, 블록형 프로그래밍을 통해 시각적으로 구성하는 방식이 효과적이다(Bocconi et al, 2016).

자동화: 반복을 효율로 전환하는 사고

자동화는 반복되는 작업이나 절차를 기계적 시스템이나 소프트웨어를 통해 스스로 수행되도록 만드는 과정이다. 이는 인간의 인지적 부담을 줄이고, 문제 해결의 효율성과 확장성을 높이는 데 기여한다(European Commission Joint Research Centre, 2016). 학생들이 반복적인 계산을 스프레드시트로 자동화하거나, 조건에 따라 명령이 반복되는 블록 코딩을 설계하는 활동은 자동화 사고의 실천적 예다. 브레넌과 레스닉(Brennan & Resnick, 2012)은 자동화를 통해 학생들이 단순 작업에서 벗어나 고차원적 사고에 더 집중하여 문제를 발견하고 문제해결 절차에 집중할 수 있음을 강조하기도 했다.

자동화는 특히 AI와 연결되는 지점에서 중요한 의미를 갖는다. AI 기술은 본질적으로 데이터 기반의 반복 학습,

조건에 따른 예측 및 판단, 자동화된 의사 결정 등을 수행하는 시스템이기 때문에, 자동화는 AI의 작동 원리를 이해하고 활용하는 사고의 기반이 된다(Touretzky et al., 2019). 따라서 AI는 단순한 도구가 아니라, 사용자의 반복 행동과 입력 데이터를 분석해 자동으로 패턴을 학습하고, 그에 따라 동작을 조정하는 시스템의 관점으로 이해할 수 있다. 이 과정에서 중요한 것은 인간이 무엇을 자동화할 것인지, 자동화의 기준은 무엇인지, 그리고 그 결과가 어떤 의미를 갖는지를 설계하고 판단하는 능력이다(Long & Magerko, 2020). 다시 말해 자동화는 단순 반복을 넘어서 무엇을, 왜, 어떻게 자동화할 것인가에 대한 비판적 사고와 창의적 설계 사고 과정을 포함한다고 할 수 있다.

따라서 자동화는 AI 시대에 인간이 단순 반복 업무에서 벗어나 고차원적 사고와 창의적 설계에 집중할 수 있게 하는 핵심 전략이며, AI 시스템의 작동 원리를 이해하고 윤리적 · 효율적으로 활용하기 위한 기초적인 사고 과정으로 중요한 의미를 갖는다(Shute et al., 2017). 특히 초등교육 단계에서 자동화 과정에서 수행하는 사고 과정은 학생들이 미래 사회에서 AI를 수동적으로 소비하는 사용자가 아니라 적극적으로 설계하고 주도적으로 활용할 수 있는 성장의 기반을 제공할 수 있다(Long & Magerko, 2020).

초등교육에서 컴퓨팅 사고력 실천 방안

컴퓨팅 사고력을 초등학생에게 효과적으로 길러 주기 위해서는 학생의 발달 특성과 생활 맥락을 충분히 고려한 교수학습 전략이 필요하다. 특히 초등교육에서는 실생활 중심 활동, 놀이 중심 수업, 스토리텔링 기반 수업, 언플러그드 활동, 프로젝트 기반 학습 등 다양한 방식으로 컴퓨팅 사고력을 자연스럽게 유도하는 것이 효과적이다.

먼저, 실생활 중심 활동은 초등학생이 컴퓨팅 사고력을 자신의 경험과 연결지어 학습할 수 있도록 돕는다. 예를 들어, 학교에서 집까지 가장 빠른 경로를 찾거나, 급식 순서를 정하는 문제를 해결하는 과정에서 학생들은 문제를 자연스럽게 분해하고, 순서를 정해 알고리즘처럼 해결하는 사고 과정을 익히게 된다. 이처럼 학생의 실제 생활에서 출발한 문제 상황은 컴퓨팅 사고의 요소를 설명하지 않아도 스스로 체득하게 하며, 사고력 형성의 자연스러운 발판이 된다.

또한, 놀이 중심 수업과 스토리텔링 기반 수업은 초등학생에게 친숙한 학습 도구로, 추상적인 컴퓨팅 사고력

개념을 구체적이고 의미 있게 전달하는 데 효과적이다(Kotsopoulos et al., 2017; Bers, 2018). 예컨대 친구와 함께 역할극을 하면서 '로봇에게 아침 준비를 시키는 명령문을 만들어 보는 활동'은 순차적 사고력과 절차적 구조의 개념을 쉽게 이해할 수 있게 해 준다. 동화를 활용한 반복 구조 찾기나 보드게임 규칙 분석을 통해 조건과 패턴을 인식하는 능력도 자연스럽게 키워질 수 있다.

블록형 프로그래밍 도구의 활용 역시 컴퓨팅 사고력 교육에서 중요한 역할을 한다. 스크래치(Scratch), 엔트리 등과 같은 도구는 시각적인 블록 조작을 통해 순서, 반복, 조건 등의 프로그래밍 구조를 쉽게 표현할 수 있게 도와준다(Sáez-López et al., 2016). 초등학생은 이러한 도구를 활용해 동화를 애니메이션으로 표현하거나, 간단한 게임을 만드는 활동을 통해 논리적 사고를 훈련하고, 창의적으로 문제를 해결하는 능력을 기르게 된다(Brennan & Resnick, 2012). 특히 블록형 도구는 오류 수정(디버깅) 과정을 시각적으로 경험할 수 있어, 논리적 분석과 점검할 수 있는 능력을 효과적으로 길러 준다.

한편, 언플러그드 활동은 컴퓨터나 디지털 기기를 사용하지 않고도 컴퓨팅 사고력을 기를 수 있는 방식으로, 학습자의 인지 부담을 낮추고 협업 중심의 활동을 설계할 수 있다는 점에서 초등학생에게 매우 적합하다(Hsu et al, 2018). 예를 들어 '오렌지 주스를 만드는 순서 카드를 배열하기'나, '친구를 특정 장소까지 이동시키는 임무 작성하기' 등의 활동은 알고리즘을 구체적인 동작으로 표현하며, 사고력을 시각화하고 체화하는 데 큰 도움이 된다.

무엇보다 프로젝트 기반 학습(Project-Based Learning)은 컴퓨팅 사고력을 통합적으로 길러줄 수 있는 강력한 교수학습 전략이다(Wang & Hannafin, 2023). 프로젝트 수업에서는 학생이 스스로 문제를 정의하고, 해결 방법을 탐색하며, 결과물을 완성하는 전 과정을 경험하게 되는데, 이 과정에서 문제 분해, 패턴 인식, 추상화, 알고리즘 설계, 자동화 등 컴퓨팅 사고력의 요소들이 유기적으로 작동한다(Shin et al., 2021). 예컨대 '우리 동네 소개 웹페이지 만들기', '급식 추천 챗봇 만들기', '생활 속 불편함을 해결하는 간단한 앱 설계'와 같은 활동은 학생의 흥미를 자극하고, 사고력을 실제 문제 해결로 확장해 준다.

이러한 실천 방안은 초등학생이 단순히 디지털 기기를 사용하는 사용자에 머무르지 않고, 기술을 이해하고 문제를 창의적으로 해결할 수 있는 능동적인 학습 주체로 성장하는 데 기초를 제공한다. 컴퓨팅 사고력 교육은 기술을 가르치는 것이 아니라, 사고하는 힘을 기르는 과정이며, 초등학교는 그 출발점이자 기반을 다지는 중요한 시기다. 따라서 학생의 발달 수준과 흥미를 고려한 다양한 교수학습 전략을 통해 컴퓨팅 사고력을 자연스럽게 길러 내는 것이 초등교육의 핵심 과제가 되어야 한다.

교사의 역할과 수업 설계 전략

컴퓨팅 사고력 교육에서 교사는 학습을 촉진하고 사고를 안내하는 안내자 역할을 수행해야 한다. 특히 컴퓨팅 사고력은 학생 스스로 문제를 발견하고 해결해 가는 사고 과정이 중심이 되기 때문에, 교사의 수업 설계와 개입 방식이 매우 중요한 교육적 요소로 작용한다(Grover & Pea, 2013).

첫째 역할은 문제 상황 중심 수업을 설계하기 위한 기획자 역할이다. 컴퓨팅 사고력을 기르는 첫걸음은 학생들이 사고할 '문제 상황'을 제시하는 것이다(Kotsopoulos et al., 2017). 이때 교사는 추상적인 지식 전달보다는 학생의 일상적 경험과 연계된 실제적인 문제 상황을 중심으로 수업을 구성해야 한다(Voogt et al., 2015). 예를 들어, "우리 반 친구들이 좋아하는 급식 메뉴를 조사해서 추천 시스템을 만들어 보자"라는 문제는 데이터 수집, 패턴 인식, 알고리즘 구성, 시각화 등 다양한 CT 요소를 유도할 수 있는 출발점이 된다. 교사는 문제 상황이 적절한 난이도와 맥락을 갖추고 있으며, 컴퓨팅 사고력의 구성 요소(분해, 추상화, 알고리즘 설계 등)를 자연스럽게 통합할 수 있도록 구성해야 한다.

둘째 역할은 학생 주도적 문제 해결을 유도하는 조력자 역할이다. 컴퓨팅 사고력은 학생이 능동적으로 사고하고 탐색하는 과정에서 자라난다. 따라서 교사는 정답을 제시하는 것이 아니라, 질문을 통해 사고를 자극하고 다양한 접근을 가능하게 하는 유연한 분위기를 조성해야 한다(Yadav et al., 2017). 예컨대 "이 문제를 해결하기 위해 어떤 정보를 먼저 알아봐야 할까?", "이 문제를 작은 단계로 나눠 볼 수 있을까?" 등의 질문은 문제 분해와 추상화를 유도할 수 있다. 또한 교사는 학생 개개인의 문제 해결의 과정과 속도를 존중하고, 다양한 해결 방식이 존재할 수 있음을 인정하며, 실패나 오류를 학습의 일부로 수용하는 안전한 환경을 만들어야 한다(Kafai & Burke, 2014).

셋째 역할은 과정 중심 평가를 실천하는 관찰자 역할이다. 컴퓨팅 사고력은 결과보다는 과정에서 나타나는 사고의 흐름과 전략에 주목해야 한다(Grover, 2021). 따라서 교사는 학생이 문제를 해결하는 과정을 면밀히 관찰하고, 생각의 흐름, 전략의 적절성, 협업 과정, 디버깅 시도 등을 포함하여 학습하는 과정을 포함하는 과정 중심 평가를 실천해야 한다(Grover et al., 2015). 예를 들어 스크래치(Scratch) 프로그래밍 기반의 프로젝트에서는 단순히 게임이 작동하는지보다, 어떤 구조로 알고리즘을 설계했는지, 반복이나 조건을 왜 적용했는지, 오류를 어떻게 수정했는지를 평가 요소로 삼는 것이다. 이를 위해서는 학습 일지, 활동 포트폴리오, 관찰 평가 등을 활용한 다면적 평가를 활용하는 것이 효과적이다.

컴퓨팅 사고력은 미래를 여는 교육의 열쇠

컴퓨팅 사고력은 단지 코딩을 배우는 기술이 아니라, 복잡한 문제를 구조화하고 체계적으로 해결하는 사고의 방식이다. 특히 AI와 자동화 기술이 빠르게 확산되는 오늘날, 컴퓨팅 사고력은 미래 사회를 살아갈 학생들이 기술을 이해하고 주도적으로 활용하는 시민으로 성장할 수 있도록 하는 핵심 역량이다. 이러한 능력은 초등학생 시기부터 서서히 길러져야 하며, 그 시작은 교실 속 작은 질문과 일상적 경험에서 출발한다.

"이 문제를 다르게 생각해 볼 수 있을까?", "이 상황을 해결하려면 어떤 순서로 접근해야 할까?"와 같은 교사의 질문은 학생의 생각을 자극하고 문제 해결의 관점을 전환하는 출발점이 된다. 교사는 학생이 문제 해결의 주도적 역할을 수행할 수 있도록 격려하고, 스스로 탐색하고 설계할 수 있는 환경을 조성해야 한다. 이러한 교육적 실천은 기술 중심 교육을 넘어 문제 해결 및 사고력 중심의 교육, 사람 중심 교육으로 나아가는 길이기도 하다.

컴퓨팅 사고력은 새로운 기술을 두려워하지 않고비판적으로 수용하며 창의적으로 재구성할 수 있는 역량이다. 이는 변화하는 세계에 능동적으로 대응하고 의미 있는 참여를 만들어 낼 수 있는 민주 시민의 기초 역량으로 이어진다. 따라서 컴퓨팅 사고력은 단지 미래를 준비하는 수단이 아니라 미래를 만들어 가는 힘이다. 이는 지식의 축적보다 사고의 훈련에 가깝고, 정답을 찾는 능력보다 문제를 새롭게 정의하는 힘에 가까우며, 미래를 여는 열쇠가 될 것이다.

참고문헌

ACM Education Advisory Committee(2023.8.8). Leveraging computational thinking in the era of generative AI. ACM Blog. https://cacm.acm.org/blogcacm/leveraging-computational

-thinking-in-the-era-of-generative-ai/

Barr, V., & Stephenson, C.(2011). Bringing computational thinking to K-12: What is Involved and what is the role of the computer science education community? ACM Inroads, 2(1), 48-54.
https://doi.org/10.1145/1929887.1929905

Bers, M. U.(2018). *Coding as a playground: Programming and computational thinking in the early childhood classroom.* Routledge.

Bocconi, S., et al.(2016). *Developing computational thinking in compulsory education - Implications for policy and practice.* European Commission Joint Research Centre.

Brennan, K., & Resnick, M.(2012). New frameworks for studying and assessing the development of computational thinking. In Proceedings of the 2012 annual meeting of the American Educational Research Association (AERA).

Dietz, G., et al.(2019). Building blocks of computational thinking: Young children's developing capacities for problem decomposition. In Proceedings of the Annual Meeting of the Cognitive Science Society (Vol. 41).

European Commission Joint Research Centre(2016). Developing computational thinking in compulsory education - Implications for policy and practice. EUR 28286 EN.

Gadanidis, G.(2015). Five affordances of computational thinking to support elementary mathematics education. *Journal of Computers in Mathematics and Science Teaching*, 34(4), 391-416.

Grover, S.(2021). Assessing computational thinking: A review of the field and future directions. *Computer Science Education*,

31(2), 210–243.
https://doi.org/10.1080/08993408.2021.1878705

Grover, S., & Pea, R.(2013). Computational thinking in K–12: A review of the state of the field. *Educational Researcher*, 42(1), 38–43.
https://doi.org/10.3102/0013189X12463051

Grover, S., et al.(2015). Designing for deeper learning in a blended computer science course for middle school students. *Computer Science Education*, 25(2), 199–237.
https://doi.org/10.1080/08993408.2015.1033142

Hsu, T. C., et al.(2018). How to learn and how to teach computational thinking: Suggestions based on a review of the literature. *Computers & Education*, 126, 296–310.
https://doi.org/10.1016/j.compedu.2018.07.004

Kafai, Y. B., & Burke, Q.(2014). Mind the gap: Gender and computational participation in schools. *Phi Delta Kappan*, 95(3), 64–68.
https://doi.org/10.1177/003172171309500316

Kotsopoulos, D., et al.(2017). A pedagogical framework for computational thinking. *Digital Experiences in Mathematics Education*, 3(2), 154–171.
https://doi.org/10.1007/s40751-017-0031-2

Long, D., & Magerko, B.(2020). What is AI literacy? Competencies and design considerations. Proceedings of the 2020 CHI Conference on Human Factors in Computing Systems, 1–16.
https://doi.org/10.1145/3313831.3376727

Papert, S.(1980). *Mindstorms: Children, computers, and powerful ideas*. Basic Books.

Rich, P. J., et al.(2019.7). A framework for decomposition in computational thinking. In Proceedings of the 2019 ACM conference on innovation and technology in computer science education (pp. 416–421).

Sáez–López, J. M., et al.(2016). Visual programming languages integrated across the curriculum in elementary school: A two–year case study using "Scratch" in five schools. *Computers & Education*, 97, 129–141. https://doi.org/10.1016/j.compedu.2016.03.003

Sanford, K., & Tang, K.(2024). Empowering young minds: The future of computational thinking and AI education. *Frontiers in Education*, 9, Article 1142382. https://doi.org/10.3389/feduc.2024.1142382

Shin, N., et al.(2021). Promoting computational thinking through project–based learning. *International Journal of STEM Education*, 8(1), Article 33. https://doi.org/10.1186/s43031–021–00033–y

Shute, V. J., et al.(2017). Demystifying computational thinking. *Educational Research Review*, 22, 142–158. https://doi.org/10.1016/j.edurev.2017.09.003

Touretzky, D. S., et al.(2019). Envisioning AI for K–12: What should every child know about AI?, *Proceedings of the AAAI Conference on Artificial Intelligence*, 33(01), 9795–9799. https://doi.org/10.1609/aaai.v33i01.33019795

Voogt, J., et al.(2015). Computational thinking in compulsory education: Towards an agenda for research and practice. *Education and Information Technologies*, 20(4), 715–728. https://doi.org/10.1007/s10639–015–9412–6

Wang, F., & Hannafin, M. J.(2023). The efficacy of project–based learning in enhancing computational thinking: A meta-analysis. *Education and Information Technologies*.

Wing, J. M.(2006). Computational thinking. *Communications of the ACM*, 49(3), 33-35. https://doi.org/10.1145/1118178.1118215

Yadav, A., et al.(2017). Computational thinking for all: Pedagogical approaches to embedding 21st-century skills in K-12 classrooms. *TechTrends*, 61, 565-568. https://doi.org/10.1007/s11528-017-0177-4

Zhou, W., & Zhang, Y.(2024). Computational thinking towards creative action: Developing a project-based instructional taxonomy (PBIT) in AI education. *Education Sciences*, 14(2), 134. https://doi.org/10.3390/educsci14020134

03
구성주의와 AI 교육: 디지털 시대의 학습 원리

AI가 교육 현장에 도입되면서 구성주의는 더욱 중요한 의미를 갖게 되었다. AI는 학습자의 수준에 맞춘 개인화 학습, 즉각적인 피드백, 문제 해결 중심의 시뮬레이션 등 다양한 학습 경험을 제공할 수 있는 도구로 발전해왔다. 이러한 기술이 진정한 교육적 효과를 발휘하기 위해서는, 기술을 어떻게 활용할 것인가에 대한 철학적 기반이 수반되어야 한다. 구성주의는 AI 기술을 단순히 지식을 제공하는 도구로 보는 것이 아니라, 학습자가 기술과 상호작용하면서 자신만의 의미를 구성하는 도구로 해석한다.

인공지능과 편향?

구성주의와 AI 교육의 이해

21세기의 교육은 정보를 기억하고 정답을 찾는 능력에서, 문제를 인식하고, 탐색하며, 새로운 해결 방식을 창출하는 능력을 중심으로 재편되고 있다(Trisnawati et al., 2023). 이러한 변화는 AI, 빅데이터, 디지털 네트워크 등 정보 기술의 급속한 발전과 맞물려 있으며, 기존 교육 방식과 철학에 근본적인 질문을 던지고 있다. 학습자가 어떻게 지식을 구성하고 실천하는가에 대한 고민이 제기되고 있는 것이다(Owoc et al, 2021). 교육의 사조가 인지주의와 행동주의를 거쳐 구성주의가 중심이 되었고, AI 교육에서도 구성주의는 중요한 의미를 갖는다(Hu et al., 2025).

구성주의(Constructivism)는 학습자가 외부로부터 지식을 수동적으로 수용하는 존재가 아니라 자신의 경험과 사고를 바탕으로 능동적으로 지식을 구성하는 존재라고 본다. 이는 전통적인 주입식 교육이 학습자의 사고를 억제하고 수동적 태도를 강화한다는 비판에서 출발한 것으로, 학습을 개인 내부에서 일어나는 능동적 지식 구성 과정으로 바라본다(Driscoll, 2005). 대표적인 구성주의 이론가로는 장 피아제(Jean Piaget)와 레프 비고츠키(Lev Vygotsky)가 있다. 이들은 인지 발달과 사회적 상호작용을 통해 지식이 구성된다고 주장했다. 피아제는 동화와 조절의 개념을 통해 학습이 기존 지식 구조와의 상호작용을 통해 이루어진다고 보았고(Piaget, 1952; 1977), 비고츠키는 사회적 상호작용과 언어, 문화가 학습의 중심이라고 강조했다(Vygotsky, 1978). 이러한 구성주의는 학습을 결과가 아니라 과정 중심의 경험과 탐색, 실천과 반성의 연속적인 활동으로 이해하며, 학생 개개인의 자율성과 맥락을 중시한다. 이는 특히 기술 중심의 시대에, 교육이 기술에 종속되는 것이 아니라 기술을 활용해 인간 중심의 교육철학을 실현할 수 있는 방향을 제시한다는 점에서 더욱 중요하게 다가온다.

AI가 교육 현장에 도입되면서 구성주의는 더욱 중요한 의미를 갖게 되었다. AI는 학습자의 수준에 맞춘 개별화 학습, 즉각적인 피드백, 문제 해결 중심의 시뮬레이션 등 다양한 학습 경험을 제공할 수 있는 도구로 발전해 왔다. 그러나 이러한 기술이 진정한 교육적 효과를 발휘하기 위해서는, 기술을 어떻게 활용할 것인가에 대한 철학적 기반이 반드시 마련되어야 한다. 구성주의는 AI 기술을 단순히 지식을 제공하는 도구로 보는 것이 아니라 학습자가 기술과 상호작용하면서 자신만의 의미를 구성하는 도구로 해석한다.

이와 관련해 시모어 페퍼트(Seymour Papert)는 기존 구성주의(Constructivism)를 확장해 'Constructionism'을 제안했다. 해석을 한다면 모두 구성주의로 표현 가능하겠지만, Constructionism은 '구성화주의' 정도로 해석할 수 있겠다(이 책에서는 본래의 의미를 표현하기 위해 페퍼트가 제시한 용어인 Constructionism을 그대로 사용했다). 페퍼트는 학습자가 실제로 무언가를 만들고, 그것을 통해 지식을 투영하고 반영하는 과정을 중요하게 보았다(Papert, 1980). 페퍼트와 해럴(Papert & Harel, 1991)은 Constructionism을 기반으로, 학습이 단순히 정보를 흡수하는 것이 아니라 무언가를 창조하는 과정에서 일어나는 것이라고 설명한 바 있다. 이는 AI 시대에 학습자는 AI와 상호작용하고 새로운 의미를 만들어 가는 창조적 생산자가 되어야 한다는 것을 의미한다고 볼 수 있다.

존 듀이의 구성주의 철학과 AI시대 초등교육의 방향

존 듀이는 20세기 초 미국의 진보주의 교육 운동을 이끌며 오늘날 구성주의 교육철학의 토대를 마련한 인물이다. 그는 교육을 지식의 전달이 아닌 삶의 경험을 통해 이루어지는 성장의 과정으로 이해했다. 듀이는 학교는 사회적 삶을 준비하는 장소가 아니라 그 자체로서의 삶이라고 강조하며, 학교 교육이 삶의 연장선상에서 이루어져야 한다고 보았다(Dewey, 1938). 즉, 학교는 실제 세계와 동떨어진 공간이 아니라 학생들이 삶과 연결된 문제를 탐색하고 경험할 수 있는 사회적 장(場)이 되어야 한다는 것이다(Dewey, 1916; 1899).

듀이가 바라본 학습은 단순한 지식의 축적이 아니다. 그는 《하우 위 싱크(How We Think)》(1933)에서, 인간의 사고는 문제 상황을 인식하고, 그에 대한 가설을 설정하며, 실험과 반성을 통해 해결하는 과정이라고 설명한다. 학습자는 외부에서 주어지는 지식을 수동적으로 수용하는 존재가 아니라 환경과 능동적인 상호작용을 통해 의미를 구성하는 주체이며, 이러한 학습의 핵심은 경험과 반성의 반복에 있다. 듀이에게 교육은 곧 탐구(inquiry)와 성장을 통해 이루어지는 하나의 과정이었다.

이러한 듀이의 구성주의 철학은 오늘날의 교육 환경, 특히 AI 기술이 빠르게 확산되고 있는 교육 현장에서도 여전히 강력한 실천적 가치를 지닌다. AI 기술이 교육에 접목되며, 교수학습의 방식은 점차 개별화되고, 데이터 기반이 되며, 실시간 상호작용이 가능한 구조로 진화하고 있다. 하지만 중요한 것은, 이러한 기술적 진보가 교육의 본질을 대체하는 것이 아니라 그 본질을 더 효과적으로 실현할 수 있도록 보조하는 방향으로 활용되어야 한다는 점이다. 이 지점에서 듀이의 철학은 AI 시대 교육이 나아가야 할 방향을 제시하는 철학적 나침반으로 작용한다.

AI 시대의 교육은 듀이가 말한 경험 중심, 문제 중심, 반성 중심의 학습을 실현하는 데 필요한 도구와 환경을 풍부하게 제공할 수 있다. 예를 들어 초등학생이 지역의 기후 변화 데이터를 AI 도구를 통해 수집하고 시각화한 후, 이 데이터를 바탕으로 지역사회 캠페인을 기획하고 실천하는 학습 활동은 듀이 철학의 현대적 구현이라고 할 수 있다. 이 과정에서 학생은 데이터 사용자에 머무르지 않고, 실제 문제를 경험하고, 그에 대해 사고하며, 실천을 통해 의미를 구성하는 주체가 된다.

AI는 이러한 경험을 더욱 구체화하고 확장할 수 있는 매개체가 된다. 학습자는 AI 도구를 활용해 복잡한 데이터를 시각화하거나, 시뮬레이션을 통해 다양한 상황을 실험해 보는 등의 방식으로 자신의 탐구 과정을 능동적으로 조정하고 조직할 수 있다. 이는 듀이가 말한 탐구 중심의 사고 훈련을 현대 기술을 통해 실현하는 과정이라 할 수 있다. 또한 AI 기반의 피드백 시스템은 학생에게 즉각적이고 개인화된 반응을 제공함으로써 사고의 반성적 확장을 도울 수 있는 구조적 환경을 제공한다.

초등교육은 이러한 듀이 철학과 AI 기술의 융합을 실천할 수 있는 출발점으로서 매우 중요하다. 초등학생은 삶과 학습의 경계가 뚜렷하지 않으며, 실제 문제에 대한 호기심과 탐색 욕구가 높은 시기이기 때문에, 이들에게 AI 도구는 탐구 활동을 구체화할 수 있는 친숙한 학습 파트너가 될 수 있다. 이를 위해 학생의 경험을 설계하고 탐색을 유도하며 반성을 촉진하는 촉진자(facilitator)로 교사의 역할이 강조되어야 한다.

예를 들어, "우리 동네 쓰레기 문제 해결하기"라는 프로젝트를 통해 학생들은 AI 이미지 분류기를 활용해 쓰레기 문제를 시각화하고, 그 원인을 분석하며, 캠페인을 기획한다. 이 과정은 데이터 수집 → 해석 → 실천이라는 경험의 연쇄 구조를 따라 이루어지며, 학생은 단순히 '지식을 배우는' 것이 아니라, 문제를 '자신의 문제'로 인식하고, 사고하며, 의미를 구성하게 된다. 교사는 이 과정에서 주도권을 쥐기보다는 적절한 질문을 던지고, 반성적 사고를 유도하며, 필요할 때 피드백을 제공하는 동반자로 기능하게 된다.

또한 듀이가 강조한 민주적 공동체로서의 학교라는 관

점에서 볼 때, AI 기반 협업 플랫폼은 학생들이 함께 문제를 해결하고, 의견을 조율하며, 공동의 목표를 향해 나아가는 경험을 가능하게 한다. 공동의 데이터에 대한 분석, 역할 분담, 발표 및 피드백 과정은 참여와 협력을 통한 민주적 학습 경험을 형성하며, 이는 초등학교 단계에서부터 길러져야 할 핵심적인 시민으로서의 역량이다.

이처럼 듀이의 구성주의 철학은 AI 시대에도 여전히 유효하며, 오히려 기술을 바탕으로 더 효과적으로 구현될 수 있는 교육적 기반을 제공한다. AI 기술은 교육을 효율적으로 만들 수는 있지만, 교육을 '좋게' 만들 수는 없다. 교육이 인간을 위한 활동이라면, 그 중심에는 여전히 학생의 경험, 탐색, 반성, 실천이라는 인간적인 과정이 놓여 있어야 한다. 듀이는 바로 그 점을 가장 먼저 그리고 분명하게 강조한 교육철학자였다.

따라서 AI 시대의 초등교육은 기술을 '활용하는 법'을 가르칠 뿐만 아니라 기술을 통해 문제를 정의하고, 반성하며, 실천하는 능동적 시민을 기르는 방향으로 나아가야 한다. 듀이의 철학은 이러한 미래 교육의 근본적 방향을 제시하며, 기술 중심 교육이 아닌 사람 중심 교육, 의미 중심 학습, 경험 중심 성장이라는 원칙을 다시금 강조하고 있다.

장 피아제는 아동의 인지 발달에 대한 체계적인 연구를 통해, 학습이란 고정된 지식을 외부에서 주입받는 과정이 아니라 학습자 스스로가 능동적으로 지식을 재구성하는 과정이라고 보았다(Piaget, 1952). 그는 학습을 개인이 환경과 상호작용을 통해 인지 구조를 점진적으로 발달시키는 자기 중심적 구성 과정으로 이해했다(Piaget, 1952). 이러한 관점은 구성주의 교육 이론의 기초를 형성하며, 오늘날 초등교육의 설계에 깊은 영향을 주고 있다.

피아제는 학습자가 자신의 기존 지식 체계(도식, schema)와 새로운 자극 간의 균형을 맞추며 사고를 조정하는 과정을 동화(assimilation)와 조절(accommodation)이라는 개념으로 설명했다(Piaget & Inhelder, 1958). 동화는 새로운 정보를 기존 도식에 맞춰 해석하는 과정이며, 조절은 기존 도식을 변화시켜 새로운 정보를 수용하는 과정이다. 이 두 과정은 인지적 불균형 → 탐색 → 균형 회복이라는 순환 구조를 통해 인지 발달을 이끈다. 학습의 본질은 이처럼 불확실성과 오류, 갈등을 경험하고 이를 해결하면서 스스로 의미를 구성해 가는 과정에 있다(Piaget, 1954).

이러한 피아제의 관점은 AI 기술이 교육 현장에 도입

된 오늘날에도 강력한 실천적 시사점을 제공한다. AI는 정답을 빠르게 제공해 주는 기계가 아니라, 학생이 스스로 사고하고, 실험하고, 오류를 경험하며 인지를 조절해 가는 환경을 조성해 주는 도구로 활용되어야 한다. 특히 초등학생의 경우 피아제가 말한 구체적 조작기에 해당하며, 실제적 조작과 피드백을 통해 사고를 점진적으로 구조화해 가는 단계에 있다. 이 시기의 아동에게 AI 기술은 추상 개념을 구체적 활동으로 연결해 주는 강력한 매개체가 될 수 있다.

2022 개정 교육과정에서는 초등학교 교육과정에서 인공지능 기술이 만들어지는 과정을 체험하기 위해 기계학습이 적용된 간단한 인공지능 도구를 체험해 보도록 제시하고 있다. 이를 기반으로, 초등학생이 머신러닝 도구를 사용해 고양이와 강아지를 구별하는 AI 모델을 만드는 활동에 참여하는 활동을 가정해 보자. 처음에는 오류가 많고 제대로 분류되지 않는 결과가 나오겠지만, 학생은 이 실패 경험을 바탕으로 학습 데이터를 조정하고, 분류 기준을 재설계하며 점점 더 정확한 모델을 만들어 나간다. 이 과정은 단순한 결과물 생성이 아니라 실패와 오류를 통한 자기조절(self-regulation)의 반복이며, 피아제가 말한 '조절'을 통한 인지 발달이 실시간으로 일어나는

교육적 경험이다.

프로그래밍 활동에서 학습자들은 디버깅 활동을 통해 인지적 영역을 확장할 수 있는 경험을 수행할 수 있다. 스크래치(Scratch)나 엔트리와 같은 블록형 프로그래밍 도구를 활용해 학생이 간단한 인터랙티브 이야기나 게임을 만들고, 그 과정에서 오류를 발견하고 고치는 활동은 인지적 불균형 상황을 인위적으로 제공하고, 이를 조정하며 인지 구조를 확장하는 환경을 조성한다. 반복문이 왜 필요한지, 조건문이 어떻게 작동하는지를 직접 실험하고 오류를 통해 배운 아동은, 단순히 문법을 익힌 학생보다 더 깊이 있는 개념 이해와 응용 능력을 갖게 된다.

이러한 활동은 피아제가 강조한 반성적 추상화(reflective abstraction) 개념과도 관련이 깊다. 반성적 추상화란 사물의 물리적 특성이 아니라 사고 그 자체를 반성하고 일반화하는 사고 수준을 의미한다. 피아제의 반성적 추상화 관점에서 AI 교육을 위한 수업을 설계할 때에는 학생들이 문제 해결을 위해 수행한 모델링과 예측 및 분류의 과정에서 결과의 정확도뿐 아니라 그 결과가 나온 이유, 오류의 원인, 다른 전략의 가능성을 질문함으로써 학생이 자신의 사고를 돌아보고 조정할 수 있는 기회를 제공해야 함을 살펴볼 수 있다.

AI 기술을 학습에 활용하는 과정에서도 학습의 경험을 풍부하게 만들 수 있다. 교사가 AI 기반 학습 분석 도구를 활용해 학생이 문제 해결 과정에서 경험하는 시도와 오류, 전략 변화의 흔적을 기록해 학습자의 사고 흐름을 파악할 수 있는 자료로 활용할 수 있다. 또한 학습 과정과 문제 해결을 위해 수행한 내용들을 학습자에게 시각적으로 제공함으로써 자기조절과 메타인지 활동을 촉진하는 반성의 도구로 활용할 수 있으며, 적절한 피드백이나 도전 과제를 제시하며 '인지적 균형'을 유도하는 안내자 역할을 수행할 수 있다.

비고츠키의 사회적 구성주 관점에서 협력적 도구로서 AI

레프 비고츠키는 인간의 학습과 발달은 개인의 내적 인지 과정이 아니라 사회적 맥락 속에서 타인과의 상호작용을 통해 이루어진다고 보았다. 그는 학습을 독립적이고 고립된 활동이 아니라 언어와 협력, 문화적 도구를 매개로 한 상호작용의 산물로 이해했다(Vygotsky, 1978). 이러한 관점은 사회적 구성주의라는 이론으로 정립되었으며, 오늘날 협력 학습과 언어 기반 사고의 철학적 토대가 되고 있다. 비고츠키 이론의 핵심 개념 중 하나는 바로 근접 발달 영역(Zone of Proximal Development, ZPD)이다. 이는 학습자가 스스로는 도달할 수 없지만, 성인이나 유능한 또래의 도움을 통해 도달 가능한 발달의 영역을 의미한다(Vygotsky, 1978; Wood et al., 1976). 이 영역 내에서 제공되는 지지와 안내는 비계(scaffolding)라는 형태로 작용해 학습자의 성장을 유도한다. 다시 말해, 인간의 고등 정신 기능은 사회적 상호작용을 통해 먼저 나타나고, 이후 개인 내부로 내면화된다는 것이 비고츠키의 주장이다. 이러한 철학은 AI 기술이 교육에 결합된 오늘날의 환경에서 새로운 해석과 확장을 필요로 한다. AI는 인간과 기계, 혹은 기계와 학습자 간의 상호작용을 가능하게 하는 기술이며, 이는 비고츠키가 강조한 도구(tool) 개념과도 밀접하게 맞닿아 있다. AI는 언어, 기호, 도구와 마찬가지로 학습자의 사고를 매개하는 현대적 문화 도구가 될 수 있으며, 학습자에게 적절한 비계 역할을 수행함으로써 ZPD를 실현하는 강력한 수단으로 작동할 수 있다.

AI 기술은 학습자가 특정 개념을 이해하지 못하거나 문제를 해결하지 못할 때, 개인화된 피드백과 단계적 힌트를 제공할 수 있다. 예를 들어, 초등학생이 학습 활동의 문제를 해결하는 과정에서 AI 기반 학습 플랫폼이 학생의 입력 오류나 오개념을 실시간으로 분석하고, 그에 적합한 설명이나 시각 자료를 제시하는 것은 디지털 형태의 비계 제공이라 할 수 있다. 또한, AI 챗봇과의 대화를 통해 문제 해결을 유도하거나, 학생이 자신의 생각을 자연어로 입력했을 때 AI가 그 사고를 확장하거나 정교화할 수 있도록 되묻는 역할을 수행하는 것도 비계의 한 형태다. 이러한 상호작용은 학습자가 스스로 사고를 조율하고 인지적 성장을 이루도록 돕는다는 점에서, 비고츠키의 철학과 AI 기술이 자연스럽게 만나는 지점이다.

비고츠키는 언어가 단순한 의사소통 수단이 아니라 사고 자체를 구성하는 인지적 도구라고 보았다(Vygotsky, 1978; Lantolf & Thorne, 2006). 특히 사회적 언어가 개인의 내면적 언어(내적 언어)로 전환되면서, 학습자는 고등 정신 기능을 획득하게 된다고 설명했다. AI는 이러한 언어적 사고의 과정에 상호작용적 언어 환경을 제공할 수 있다. 예를 들어, 초등학생이 AI 챗봇과 함께 역사적 인물을 인터뷰하는 시뮬레이션에 참여하거나 또는 문학 속 인물과 대화하는 활동은 학생의 사고를 언어화하고, 그것을 AI로 나타나는 외재적 존재를 통해 검토받는 과정으로 내면화 과정이 강화되는 효과를 기대할 수 있다.

비고츠키는 학습을 함께하는 과정으로 보았으며, 특

히 유능한 또래와의 협력은 ZPD를 효과적으로 실현하는 주요 방법이라고 강조했다(Vygotsky, 1978; Mercer et al., 1999). AI 기술은 이와 같은 협력 학습의 파트너 역할을 디지털 환경에서도 수행할 수 있다. 예를 들어 AI가 소그룹 토론에서 학생들의 논리 구조를 시각화해 주거나, 각자의 입장을 요약하고 반박 논거를 제시하는 데 도움을 주는 도구적 지원은 학습자 간 협력의 질을 높이고 논의의 수준을 심화할 수 있다. 또 AI가 학습자의 진행 속도와 오류 패턴을 분석해 팀 내 역할 분담이나 지원이 필요한 지점을 제안해 주는 시스템은 협력적 구조 속에서 상호 비계를 강화하는 환경을 제공할 수 있으며 협력 학습을 지원하는 도구로 활용될 수 있다.

AI시대 페퍼트의 구성주의의 이해

시모어 페퍼트는 구성주의 교육 이론을 현대 교육 기술 환경에 맞게 확장하며, Constructionism이라는 새로운 구성주의적 이론의 틀을 제시했다. 인지적 구성주의 학자인 피아제의 제자인 페퍼트는 인지 발달 이론을 기반으로 구성주의를 설명했지만, 아동이 실제 세계와 상호작용하고 실질적인 산출물을 만들어 가는 과정 속에서 지식을 가장 깊이 있게 습득한다고 보았다(Papert, 1980;

1991). 특히, 아이들이 머릿속으로만 지식을 구성하는 것이 아니라, 외부 세계에서 무언가를 만들면서 경험을 통해 학습이 구성된다는 점을 제시했다(Papert, 1980).

페퍼트는 학습을 문제 해결 과정에서 사고를 반영하고 투영하는 과정으로 보았다. 당대 최신의 도구인 컴퓨터를 사고를 위한 도구로 정의해 자신의 생각을 직접 구현하고 오류를 발견하며 수정해 나가는 활동 속에서 자기주도성과 반성적 사고 및 창의적 문제 해결력이 길러진다고 믿었다(Papert, 1993).

페퍼트의 이러한 구성주의 철학은 오늘날의 새로운 기술인 AI에 대해서도 초등교육 환경에서 더욱 강력한 의미를 갖는다. AI가 학생이 스스로 문제를 정의하고, 도구를 조합하며, 새로운 결과물을 창출하는 일련의 탐구 활동을 구조화하고 지원하는 기술적 기반으로 활용될 수 있다는 점에서, 학생이 문제 해결 과정에서 인공지능을 활용해 만들고 훈련하며 설계하는 경험을 가능하게 한다는 의미를 갖는다.

Constructionism에서 학습자는 수동적인 지식 수용자가 아니라 능동적인 지식 생산자이며, 학습은 머리 안에서만 일어나는 것이 아니라, 손과 몸을 움직이며 무언가를 만들면서 촉진된다(Papert, 1991). AI 시대의 학생들은 자신의 질문을 바탕으로 AI 모델을 직접 훈련하고, 데이터를 수집하고, 결과를 해석하며, 자신만의 창작물을 제작할 수 있다는 점에서 인공지능 모델링과 학습을 고려해 볼 수 있다. 예를 들어 학생은 자신이 좋아하는 동물 소리를 인식하는 AI를 만들기 위해 다양한 동물 소리를 녹음하고, 이를 학습 데이터로 활용해 기계학습을 통해 소리를 분류하는 모델을 훈련할 수 있다. 또한, 개발된 모델을 스크래치와 같은 블록 기반 프로그래밍 언어와 연계해 동물 소리 맞히기 게임을 제작하는 프로젝트를 수행할 수도 있다. 이것이 학생이 데이터를 이해하고 AI의 작동 원리를 학습하며 동시에 창작의 경험을 통해 자신의 사고를 투영할 수 있는 학습 과정이라는 점을 생각해 볼 때, AI는 아이디어를 구현하는 창작 도구로 사용될 수 있다.

페퍼트는 디버깅(debugging)을 학습의 가장 창의적인 순간이라고 보았다(Papert, 1980; 1993). 그는 아이들이 프로그래밍 오류를 스스로 찾고 수정하는 과정을 통해 논리적 사고, 인과 관계 분석, 반성적 사고를 배우게 된다고 설명했다. AI 기반 학습 활동에서는 오류가 더욱 복잡하게 발생하고, 그것이 사고 확장의 계기로 작용할 수 있다. 예를 들어, 초등학생이 AI 모델을 훈련하는 과정에서 분류 정확도가 낮게 나오는 원인을 분석하고, 데이터를 다양화하거나 모델 조건을 바꾸는 활동은 반복과 실험의 학습 사이클을 형성하는 과정에서 깊이 있는 학습이 될 수 있다.

페퍼트는 컴퓨터가 교육에 처음 도입된 시기에 컴퓨터를 단지 정보를 처리하는 기계가 아니라 사고를 위한 도구로 보았다(Papert, 1993). 이 관점은 최근 우리 교육 현장에 도입되고 있는 AI 기술에도 적용된다. AI는 복잡한 문제 상황을 구성하고, 이를 해결하기 위한 사고 실험을 가능하게 하며, 학생이 데이터를 다루고 패턴을 인식하며 알고리즘을 설계하는 과정에서 높은 수준의 사고 훈련을 가능하게 하는 인지적 도구의 역할을 갖는다. 특히 학생의 창의성과 개인적 의미 구성을 강조하는 교육을 지원할 수 있으며, 학생들은 동일한 도구를 활용하더라도 모두 다른 방식으로 자신의 세계를 AI와 함께 확장하는 과정을 경험할 수 있다. 이는 페퍼트의 구성주의에서 중요하게 여기는 학습의 개인화와 다양성을 실현하는 기술적 기반이 된다.

구성주의와 AI 교육의 융합, 미래를 여는 교육철학

AI 기술의 빠른 진보는 교육의 장을 기술 중심에서 인간 중심으로 재조명하게 만들고 있다. 지식을 전달하는 것만이 아니라, 학생 스스로가 지식을 구성하고 탐색하고 반성하며 실천하는 전 과정을 중심에 두는 교육철학이 그 어느 때보다 절실히 요구되는 시점이다. 이러한 요구에 가장 깊이 있게 응답할 수 있는 철학이 바로 구성주의이며, AI 교육에서도 구성주의는 단순한 접근 방식이 아니라 철학적 기반이자 실천의 원리로 작용해야 한다.

피아제는 학습을 인지 구조의 자기 조절 과정으로 보았고, 비고츠키는 사회적 상호작용과 언어, 도구를 통한 내면화를 강조했다. 듀이는 경험과 반성, 문제 중심의 탐구 활동을 학습의 핵심으로 보았으며, 페퍼트는 지식이 외부 세계와의 창조적 상호작용을 통해 만들어진다고 보았다. 이처럼 구성주의는 다양한 철학자들을 통해 확장되어 왔으며, AI 기술과 결합할 때 그 교육적 가치는 더욱 입체적으로 드러날 수 있다.

AI는 이제 교실에서 학습자의 사고를 시각화하고, 피드백을 제공하며, 협력적 활동을 설계하고, 창작을 가능하게 하는 도구로 자리 잡고 있다. 그러나 이러한 기술은 그 자체로 교육의 목적이 될 수 없다. 기술이 진정으로 교육적 가치를 갖기 위해서는, 학습자가 그 기술과 어떻게 상호작용하며, 어떤 의미를 구성하고, 어떤 사회적 실천으로 이어 가느냐가 중요하다. 이 지점에서 구성주의는 기술과 인간, 도구와 학습자, 정보와 의미를 연결해 주는 철학적 다리 역할을 한다.

AI 시대의 초등교육은 학생이 단순히 기술을 사용하는 소비자에 머무르지 않고, AI와 함께 질문하고, 설계하고, 창조하고, 반성할 수 있는 자기 주도적인 학습자로 성장하는 것을 목표로 해야 한다. 따라서, 교육의 본질에 접근하기 위해 인공지능을 활용할 수 있는 관점으로 접근이 필요하며, 이때 우리는 사람을 중심에 두고 사고를 촉진하며 의미를 구성하게 하는 구성주의 기반 교육을 고려해야 한다.

참고문헌

Dewey, J.(1899). *The school and society: Being three lectures.* University of Chicago Press.

Dewey, J.(1916). *Democracy and education: An introduction to the philosophy of education.* Macmillan.

Dewey, J.(1933). *How we think: A restatement of the relation of reflective thinking to the educative process.* D. C. Heath &

Co.

Dewey, J.(1938). *Experience and education.* Macmillan.

Driscoll, M. P.(2005). *Psychology of learning for instruction* (3rd ed.). Allyn & Bacon.

Hu, X., et al.(2025). Generative AI in Education: From Foundational Insights to the Socratic Playground for Learning. arXiv.

Lantolf, J. P., & Thorne, S. L.(2006). *Sociocultural theory and the genesis of second language development.* Oxford University Press.

Mercer, N., et al.(1999). Children's talk and the development of reasoning in the classroom. *British Educational Research Journal,* 25(1), 95–111.

Owoc, M. L., et al.(2021). Artificial intelligence technologies in education: Benefits, challenges and strategies of implementation. arXiv.

Papert, S.(1980). *Mindstorms: Children, computers, and powerful ideas.* Basic Books.

Papert, S.(1991). Situating constructionism. In I. Harel & S. Papert (Eds.), *Constructionism: Research reports and essays, 1985–1990* (pp. 1–11). Ablex Publishing Corporation.

Papert, S.(1993). *The children's machine: Rethinking school in the age of the computer.* New York, Basic Books.

Piaget, J.(1952). *The origins of intelligence in children.* International Universities Press.

Piaget, J.(1954). *The Construction of Reality in the Child.* Basic Books.

Piaget, J.(1977). The role of action in the development of thinking. In W. M. Fry (Ed.), *Knowledge and development* (pp.

17–42). Springer.

Piaget, J., & Inhelder, B.(1958). *The growth of logical thinking from childhood to adolescence.* Basic Books.

Trisnawati, W., et al.(2023). The impact of artificial intelligence in education toward 21st century skills: A literature review. *PPSDP International Journal of Education,* 2(2), 501–513.

Vygotsky, L. S.(1978). *Mind in society: The development of higher psychological processes* (M. Cole, V. John–Steiner, S. Scribner, & E. Souberman, Eds.). Harvard University Press.

Wood, D., et al.(1976). The role of tutoring in problem solving. *Journal of Child Psychology and Psychiatry,* 17(2), 89–100.

Yim, I. H. Y., & Su, J.(2025). Artificial intelligence literacy education in primary schools: a review. *International Journal of Technology and Design Education,* 1–30.

04
2022 개정 교육과정과 AI 교육

2022 개정 교육과정은 미래 사회가 요구하는 핵심 역량을 함양해 포용성과 창의성을 갖춘 주도적인 사람으로 성장하게 하는 데 중점을 둔다. 특히 디지털 전환 등에 따른 미래 사회의 불확실성에 능동적으로 대응할 수 있는 능력과 자신의 삶과 학습을 스스로 이끌어 가는 주도성을 함양하도록 했고, 모든 학생이 학습의 기초인 언어 · 수리 · 디지털 기초 소양을 갖출 수 있도록 하여 학교 교육과 평생학습에서 학습을 지속할 수 있게 한다고 제시하고 있다.

청각장애인과 AI?

2022 개정 교육과정의 총론과 디지털 소양

2022 개정 교육과정은 미래 사회가 요구하는 핵심 역량을 함양해 포용성과 창의성을 갖춘 주도적인 사람으로 성장하게 하는 데 중점을 둔다. 특히 디지털 전환 등에 따른 미래 사회의 불확실성에 능동적으로 대응할 수 있는 능력과 자신의 삶과 학습을 스스로 이끌어 가는 주도성을 함양하도록 했고, 모든 학생이 학습의 기초인 언어 · 수리 · 디지털 기초 소양을 갖출 수 있도록 하여 학교 교육과 평생학습에서 학습을 지속할 수 있게 한다고 제시하고 있다. 또한, 교과 교육에서 깊이 있는 학습을 통해 역량을 함양할 수 있도록 교과 간 연계와 통합, 학생의 삶과 연계된 학습, 학습에 대한 성찰 등을 강화한다고 제시해 깊이 있는 학습을 강조하고 있다(교육부, 2022).

먼저, 미래 사회의 불확실성에 능동적으로 대응하는 능력과 삶과 학습을 스스로 이끌어 가는 주도성에 대해서 살펴보면, 미래 대응 능력은 창의성의 가치를 반영한 것으로, 학교 교육과정이 사회적 요구에 부응하고 사회적 적합성을 갖출 수 있어야 한다는 점을 강조하고 있다. 주도성은 불확실한 미래 사회가 지속적인 평생 학습을 요구한다는 점을 반영해 삶과 학습을 스스로 이끌어 가는 능력이라고 강조했다.

2022 개정 교육과정에서는 기초 소양의 개념을 도입해 전통적으로 3Rs라고 알려진 읽기(Reading), 쓰기(wRiting), 셈하기(aRtithmatic)를 언어 소양과 수리 소양으로 정의하고, 디지털 소양을 기초 소양으로 추가로 반영했다. 따라서, 언어 소양, 수리 소양, 디지털 소양 등의 기초 소양을 함양함으로써 학습 격차를 완화하는 것을 핵심적인 과제로 설명하고 있다.

디지털 소양에 대해서는 다음과 같이 설명하고 있다. 디지털 소양은 다양한 디지털 도구와 기술을 사용해 정보를 체계적으로 수집 · 분석 · 관리하고 소통하며 문제를 효과적으로 해결하는 능력을 의미한다. 디지털 기기와 프로그램 및 기술의 활용 능력과 함께 기초적인 프로그래밍의 원리에 대한 이해, 전자 정보 관리와 분석 능력, 디지털 윤리 의식, 디지털 안전 및 보안 의식 등을 포함한다.

"깊이 있는 학습"은 2022 개정 교육과정에서 학습의 올바른 상태를 의미하는 용어로 제시되고 있으며, 단지 교과에서 제시하는 지식을 기억하는 것을 넘어 탐구하는 능력을 기르는 것을 의미하고 있다. 2022 개정 교육과정 총론에서는 깊이 있는 학습에 대해 다음과 같이 설명하고 있다. "교과 지식을 더 많이 학습해야 한다거나 더 어려운 수준까지 학습해야 함을 의미하는 것이 아니라, 핵심 개념과 원리를 올바르게 이해하고 내면화하고 생각이나 경험과 연결하여 자신의 것으로 만들어야 함을 의미한다".

2022 개정 교육과정에서는 이전 교육과정인 2015 개정 교육과정과 연계해 핵심 역량을 강조하고 있으며, 6개로 제시된 역량(자기관리 역량, 지식정보처리 역량, 창의적 사고 역량, 심미적 감성 역량, 협력적 소통 역량, 공동체 역량) 중에서 "지식정보처리 역량"을 통해 정보와 자료를 수집하고 분석하며 평가하고 선택하는 과정을 거쳐 문제를 해결하는 역량이 필요함을 제시하고 있다. 총론에서는 지식정보처리 역량에 대해 "문제를 합리적으로 해결하기 위하여 다양한 영역의 지식과 정보를 깊이 있게 이해하고 비판적으로 탐구하며 활용할 수 있는 지식정보처리 역량"으로 설명하고 있다.

2022 개정 교육과정과 초등학교 교육 체계

「초 · 중등교육법」 제38조는 초등학교의 교육 목적을 "초등학교는 국민생활에 필요한 기초적인 초등교육을 하는 것을 목적으로 한다"라고 규정하고 있으며, 2022 개정 교육과정 총론에서는 초등학교 교육의 목표에 대해 "학생의 일상생활과 학습에 필요한 기본 습관 및 기초 능력을 기르고 바른 인성을 함양하는 데 중점을 둔다"라고 제시하고 있다. 따라서, 2022 개정 교육과정에서 제시하는 디지털 소양을 비롯한 기초 소양은 특정 학교급에 집중된다고 볼 수는 없겠지만, 법령과 교육과정 총론에서 제시하는 목표를 통해 기본 습관과 기초 능력을 기르는 데 중점을 둔다는 점을 고려하면, 디지털 소양 함양의 출발과 목표는 초등학교가 중점이 된다고 할 수 있다. 왜냐하면, 「초 · 중등교육법」 제41조에서 중학교의 교육 목적에 대해 초등학교에서 받은 교육의 기초 위에 중등교육을 목적으로 한다고 제시하고 있기 때문이다.

2022 개정 교육과정 총론에서는 학교 교육과정 설계 · 운영의 방향과 기본 원칙을 통해 기초 소양 함양과 자기주도 학습 능력 함양 지원을 위해 "학교 교육 기간을 포함한 평생학습에 필요한 기초 소양과 자기주도 학습 능력을 갖출 수 있도록 지원하며 학습 격차를 줄이도록 노력한다"고 제시하고 있다. 이를 실천하기 위한 방법으로 총론 해설에서는 "2022 개정 교육과정에서 특히 강조하고 있는 언어 · 수리 · 디지털 기초 소양은 모든 학습이 가능하기 위한 전제 조건"이라고 설명하고 있으며, "학교는 모든 학생이 기초 소양과 자기주도 학습 능력을 충실하게 갖출 수 있도록 노력해야 한다"고 강조하고 있다.

교수 · 학습에 대해서 2022 개정 교육과정에서는 "깊이 있는 학습"을 처음으로 소개하고 있는데, 이는 "학습자가 학습 내용을 익히고 이를 새로운 상황에 적용할 수 있도록 핵심적인 내용을 내면화하는 학습을 의미"한다. 이를 위해, 학습자가 교과 고유의 탐구 과정을 경험하는 활동 제공의 필요성을 강조하고 있으며, 디지털 소양은 이를 뒷받침하기 위한 최소한의 기초 소양임을 설명하고 있다. 특히, "언어 · 수리 · 디지털 기초 소양은 교과 학습을 위해 반드시 갖춰야 하는 기초적인 지식과 소양의 중요성을 강조하기 위한 개념이다. 기초 소양은 자기주도 학습과 평생학습을 위한 기초가 되며, 학습 격차를 완화하고 모든 학생이 일정한 성취 수준에 도달하도록 하는 책임교육 실현을 위해 반드시 길러 주어야 할 핵심 과제"라고 제시하고 있다.

한편, 이와 같은 디지털 정보 기술의 발달과 인공지능의 일상화로 학습자의 맞춤형 학습을 활성화하기 위한 환경적 지원에 대해서도 제시하고 있다. 이를 위해 "학습자에 대한 다양한 데이터를 수집하고 분석하는 학습 분석 기술의 적용과 각 특성에 적합한 학습 콘텐츠의 개발이 필요"하다고 제시하고 있으며, 이를 기반으로 "학습자의 수준, 선지식과 오개념의 특징, 학습 방법, 관심사 등에 대한 학습자 특성을 인공지능과 빅데이터 분석을 통해 파악하고 맞춤형 교육 콘텐츠를 제공"할 수 있다고 설명하고 있다. 또한 디지털 학습 환경을 구축해 "다양한 학습 자료를 쉽게 검색하고 접근하게 함으로써 자기주도 학습을 지원할 수 있으며 시뮬레이션, 시각화, 게임 기반 학습 등을 통해 더 흥미롭고 효율적인 학습"을 제공할 수 있도록 함을 제시하고 있다.

2022 개정 교육과정에서는 초등학교 교육과정 편성과 운영의 기준에 대해 시간 배당 기준을 기반으로 "정보교육은 실과의 정보영역 시수와 학교 자율시간 등을 활용하여 34시간 이상 편성 · 운영한다"라고 제시하고 있다. 이는 2015 개정 교육과정에서 컴퓨팅 사고력 기반의 SW 교육 중심으로 프로그래밍에 초점이 맞춰져 있었던 교육과정을 인공지능에 대한 내용으로 확장하기 위해 시수가 17시간에서 34시간으로 확대된 것이다. 이를 위해 총론 해설에서는 "학교 자율시간을 활용하여 새로운 과목이나 활동으로 편성 · 운영"할 수도 있고, "교과(군) 및 창의적 체험 활동 시수의 20% 증감을 활용"하여 편성할 수 있도록 제시하고 있다.

2022 개정 교육과정과 초등학교 정보교육 체계

2022 개정 교육과정에 초등학교에서는 중학교 및 고등학교와 달리 별도의 교과 및 과목이 편성되어 있지 않다. 그럼에도 불구하고 34차시를 운영하기 위해 실과에 편제된 17시간과 학교 자율시간 등을 활용해 운영해야 하는 17시간으로 구분해 교육과정이 편제되어 있다. 2015 개정 교육과정에서는 기존 실과에 편제된 영역에 정보교육의 내용 요소가 포함되어 있었던 것과 달리, 2022 개정 교육과정에서는 별도의 영역을 구성해 중학교의 정보교과와 연계됨을 제시하고 있다.

2022 개정 교육과정에서는 "디지털 사회와 인공지능"이라는 영역이 편성되어 정보 교육을 위한 고유한 영역이 구성되어 있으며, 핵심 아이디어를 기준으로 지식 · 이해, 과정 · 기능, 가치 · 태도로 내용 요소가 제시되어 있다. 핵심 아이디어에 대해서는 2015 개정 교육과정과 연계되는 프로그래밍에 대한 내용과 더불어 데이터 및 인공지능에 대한 내용이 추가되었다. 각각의 내용을 살펴보면, 프로그래밍에 대한 핵심 아이디어는 "프로그래밍은 디지털 사회에서 발생하는 다양한 문제를 해결하는 데 도움을 준다"고 제시되어 있으며, 데이터에 대해서는

"컴퓨터로 처리할 수 있는 데이터는 디지털 데이터이며, 문제 해결을 위한 명령은 명확한 절차가 필요하다"고 제시되어 있다. 인공지능에 대해서는 "인공지능은 인간의 지능을 모방하여 만든 프로그램 시스템으로 생활 속의 다양한 분야에 영향을 미친다"고 하고 있다.

초등학교 정보교육 성취 기준의 이해

2022 개정 교육과정에서 데이터과학과 인공지능의 개념을 포함하기 위해 초등학교의 경우 시수가 34차시로 확대되었고, 중학교는 68차시로 확대되었다. 중학교는 정보교과 및 과목이 편제되어 있으나, 초등학교는 여전히 교과가 편제되어 있지 않아 성취 기준이 2개로 분리되어 제시되어 있다. 첫째는 실과에 교과라는 테두리로 반영하고 있는 17차시의 정보교육 내용이다.

[6실05-01] 컴퓨터를 활용한 생활 속 문제 해결 사례를 탐색하고 일상생활 속 문제를 해결하기 위한 알고리즘을 다양한 방법으로 표현한다.

[6실05-02] 컴퓨터에게 명령하는 방법을 체험하고, 주어진 문제를 해결하는 프로그램을 작성한다.

[6실05-03] 실생활의 문제를 해결하는 프로그램을 협력하여

작성하고, 산출물을 타인과 공유한다.

[6실05-04] 디지털 데이터와 아날로그 데이터의 특징을 이해하고, 인공지능에 활용할 수 있는 데이터의 유형이나 형태를 탐색한다.

[6실05-05] 인공지능이 만들어지는 과정을 체험하고, 인공지능이 사회에 미치는 영향을 탐색한다.

둘째는 학교 자율시간 등을 활용하여 운영해야 하는 부록에 편제된 17차시의 정보교육에 대한 내용이다.

[06자율-1] 생활 속에서 컴퓨터가 활용되는 사례를 찾아보는 활동을 경험한다.

[06자율-2] 놀이를 통해 알고리즘의 다양한 사례를 체험하는 활동을 수행한다.

[06자율-3] 프로그래밍으로 해결된 사례를 찾아보고, 나에게 필요한 프로그램을 만드는 과정을 수행한다.

[06자율-4] 공유된 타인의 프로그램을 탐색해 보고 수정하는 활동을 수행한다.

[06자율-5] 생활 속에서 접하는 다양한 데이터가 서로 다른 의미를 갖고 있음을 파악하는 활동을 경험한다.

[06자율-6] 인공지능이 데이터의 공통되는 부분을 찾아 분

류하는 과정을 체험한다.

[06자율-7] 사례를 중심으로 인공지능을 올바르게 사용하는 방법을 토론하고 실천하는 활동을 수행한다.

이에 성취 기준은 7개로 제시되어 있으며 실과에 편성된 정보교육 성취 기준 5개와 연계해 성취 기준을 구성하도록 제시되어 있다. 예를 들면, 성취 기준 해설에서 "[06자율-2] [6실05-01]과 연계하여, 생활 속 문제를 해결하는 알고리즘의 다양한 사례를 이야기로 제시하거나 신체를 움직이고, 다양한 도구 및 학습지를 활용해 알고리즘을 이해하며 필요성을 설명할 수 있어야 한다"와 같이 나타내고 있어, [06자율-2]는 [6실05-01]과 연계하여 운영한다는 것을 살펴볼 수 있다.

초등학교 정보교육 성취 기준 편성의 재구성

교과는 체계와 위계 및 순서를 갖고 나선형으로 학습자의 발달 단계를 고려해 내용 요소가 구성된다는 점을 고려하여, 중학교와 고등학교는 정보교과에서 체계를 갖추고 성취 기준이 순차적으로 위계를 구성하고 있다. 하지만 초등학교에는 교과가 편성되어 있지 않고 영역이 둘로 나누어져 있어, 체계를 갖추어 교육과정을 편성해야 하는 고민과 노력이 학교 교육과정에 오롯이 맡겨져 있는 실정이다.

초등교육에서 AI 교육을 실천하는 방법은 정보교육을 통해 실천하는 것이다. 이를 위해 2022 개정 교육과정에서 제시하고 있는 바와 같이 디지털 소양과 컴퓨팅 사고력을 함양하며 프로그래밍, 데이터, 인공지능에 대한 내용 요소를 기반으로 정보교과 교육을 실시하며 모든 교과에서 융합해 디지털 기반 혹은 인공지능 기반의 문제해결력을 기를 수 있는 디지털 시대의 기저 학문과 영역으로서 역할을 해야 한다. 이는 2022 개정 교육과정의 총론에서 제시하고 있는 기초 소양으로서 디지털 소양과의 연계와 깊이 있는 학습을 위한 토대를 마련하기 위한 중요한 내용이다.

참고문헌

교육부(2022). 2022 개정 교육과정.

교육부(2024). 초·중등교육법.

05
AI + X: 초등학교에서의 융합 교육

AI + X란 AI 기술을 다양한 분야(X)와 융합해 새로운 지식과 가치를 창출하고, 창의적인 문제 해결 능력을 기르는 통합적 교육 모델을 의미한다. 여기서 'X'는 국어, 수학, 과학, 미술, 체육, 사회 등 전통적인 교과목뿐 아니라 다양한 실생활의 문제와 주제를 모두 포함할 수 있다. 즉, 'X'는 고정된 영역이 아니라, 학생의 삶과 연결된 의미 있는 맥락을 담아내는 교육적 주제이자 활동의 기반이다.

AI 콘텐츠 크리에이터?

AI + X를 통한 인공지능기반 융합 교육

21세기 교육은 지식을 단편적으로 암기하고 전달하는 데 그치지 않고, 지식 간의 연결과 융합을 통해 새로운 의미를 창출하는 방향으로 빠르게 전환되고 있다. 이러한 변화의 중심에는 AI가 있다. AI는 이제 인간의 사고를 확장하고, 문제 해결 방식을 근본적으로 변화시키는 사고의 프레임이자 학습의 매개체로 작용하고 있다. 특히 4차 산업혁명의 핵심 기술로서 AI는 산업, 사회, 문화는 물론 교육 전반에 걸쳐 구조적인 전환을 요구하고 있으며, 이는 기존의 교과 중심적이고 분절적인 교육 방식에 대한 재고를 촉구한다.

이러한 시대적 요구 속에서 등장한 교육적 접근이 바로 'AI + X' 융합 교육이다. 'AI + X'란 AI 기술을 다양한 분야(X)와 융합해 새로운 지식과 가치를 창출하고, 창의적인 문제 해결 능력을 기르는 통합적 교육 모델을 의미한다. 여기서 'X'는 국어, 수학, 과학, 미술, 체육, 사회 등 전통적인 교과목뿐 아니라 건강하고 행복한 삶, 기후 변화 대응, 불평등 감소 등 다양한 실생활의 문제와 주제를 모두 포함할 수 있다. 즉, 'X'는 고정된 영역이 아니라, 학생의 삶과 연결된 의미 있는 맥락을 담아내는 교육적 주제이자 활동의 기반이다.

AI + X 융합 교육은 단순히 AI를 배우는 것을 목표로 하지 않는다. 오히려 AI 기술을 문제 해결의 도구로 활용하고, 다양한 분야와 접목함으로써 학생이 능동적으로 사고하고 탐구하며 자신만의 해결 방식을 창출할 수 있도록 지원하는 교육 방식이다. 예를 들어 '우리 동네 미세먼지 문제를 해결해 보자'라는 주제를 중심으로, 학생들은 미세먼지 데이터를 수집하고 AI 도구를 통해 시각화하거나 예측 모델을 만들어 보는 활동을 할 수 있다. 이 과정에서 학생은 과학적 탐구 능력, 수학적 분석력, 도덕적 판단력, 공동체 의식, 협업 능력, 디지털 리터러시 등 다양한 역량을 융합적으로 활용하게 된다. 이는 기존 교과별 수업에서 경험하기 어려운 통합적 사고와 실천 중심 학습의 대표적인 예시라 할 수 있다.

초등학생은 호기심이 풍부하고, 놀이와 탐색을 통해 세상을 이해하는 발달 특성을 지닌다. 따라서, AI + X 교육은 정해진 정답을 찾는 활동보다 자신의 질문을 스스로 탐색하고 다양한 가능성을 실험하는 과정을 강조하기 때문에, 초등 학습자의 학습 양식과 자연스럽게 연결된다. 또한 AI + X는 학생들의 일상생활과 연결된 문제 상황에서 출발한다. 가정, 학교, 지역사회에서 마주치는 환경 문제, 친구와의 관계, 나만의 관심 주제 등은 AI 기술과 접목되어 창의적인 해결 과제를 구성할 수 있다. 이를 통해 학습은 삶과 분리된 지식이 아니라 삶의 일부로서의 학습으로 전환된다.

AI + X 교육을 통해 학생은 자연스럽게 데이터의 구조를 이해하고, AI가 작동하는 방식(예: 분류, 예측, 학습)의 원리를 경험한다. 이는 AI를 이해하고 비판적으로 사고할 수 있는 능력(AI Literacy)의 기초를 다지게 해 준다. 또한 AI + X는 수업이 교과 지식 전달에 그치지 않고, 학생의 관점과 상상력이 중심이 되는 프로젝트 기반의 수업 설계를 가능하게 한다. AI는 정보 수집, 분류, 시각화, 예측 등의 단계를 도와주는 도구로 활용되고, 그 위에서 학생은 자신만의 해석과 표현을 시도하여 창의성과 문제해결 역량을 기르는 효과적 기반이 된다.

AI + X 융합 교육은 기술 교육의 확장이 아니라 교육의 본질을 새롭게 정의하는 교육 혁신의 방향이다. 초등교육에서 AI + X는 학생들이 자신의 삶과 세계를 연결짓고, 그 속에서 문제를 발견하며, AI라는 도구를 통해 새로운 의미를 만들어 내는 자율적이고 창의적인 학습자로 성장할 수 있도록 돕는다. 이제 교육은 지식을 '배우는 것'을 넘어, 지식을 '창조하고 실천하는 과정'으로 나아가야 하며, AI + X는 그 변화의 중심에 있는 실천적 전략이다.

AI + X 교육의 실제 적용 사례

AI + X 융합 교육은 교실 안에서 더 이상 이론적인 영역으로만 머물러 있지 않는다. 오히려 AI 기술은 초등학생의 삶과 학습에 자연스럽게 스며들 수 있는 다양한 수업 설계의 중심축이 되고 있으며, 기존 교과와 실제 문제를 연결하는 통합적 도구로 자리 잡고 있다. 특히 초등교육 현장에서는 탐구 기반 활동, 예술적 창작, 데이터 활용 프로젝트 등 다양한 방식으로 AI와 교과 지식이 연결되고 있다.

예를 들어 초등 과학 수업에서는 기후 변화라는 복합적이고도 중요한 사회 문제를 중심으로 AI 기술을 적용할 수 있다. 학생들은 실시간 기상 데이터 또는 지역별 온도 데이터를 수집하고, 이를 바탕으로 AI 모델을 훈련시켜 온도 변화의 추세를 예측해 보는 프로젝트를 진행할 수 있다. 이 과정은 단순한 정보 수집에 그치지 않고, 데이터의 구조와 의미를 이해하고, AI가 어떻게 학습하고 판단을 내리는지에 대한 탐구로 이어진다. 나아가 학생들은 이러한 분석 결과를 바탕으로 지역사회에 기후 행동 캠페인을 제안하거나, 탄소 배출 저감 실천 계획을 수립하는 활동으로 확장할 수 있다. 이는 과학, 수학, 사회, 도덕 등 다양한 교과의 목표와 밀접하게 연결되며, AI가 도구를 넘어 문제 해결의 동반자로 기능하는 대표적인 사례라 할 수 있다.

또한 예술 영역에서 AI의 활용은 학생의 창의성을 자극하는 강력한 기제가 된다. 생성형 AI(Generative AI)는 이미지, 음악, 글 등의 창작물을 자동으로 생성할 수 있는 기술로, 예술 표현의 새로운 가능성을 열어 주고 있다. 예컨대, 학생이 자신이 그린 그림을 구글 딥드림(Deep Dream), 달리(DALL · E), 크레용(Craiyon) 등 생성형 AI 플랫폼에 입력하면, 해당 그림을 바탕으로 스타일 변환된 이미지나 새로운 장면을 생성할 수 있다. 또는 리듬 패턴을 인식하고 분석하는 AI 음악 도구를 활용해, 학생이 작곡한 멜로디를 바탕으로 변주곡을 생성해 보는 활동도 가능하다. 이러한 경험은 예술 표현의 범위를 확장할 뿐 아니라, 표현의 주체로서 학생의 자율성과 상상력을 강화하는 교육적 경험을 제공한다.

심스(Sims, 2024)는 생성형 AI인 스테이블 디퓨전(Stable Diffusion)을 예술대학 교육에 도입한 사례를 분석하면서, AI 기술이 학생의 창의성에 어떤 영향을 미치는지를 다각적으로 조명했다. 그는 AI 도구가 학생의 표현 능력을 확장하는 동시에, 창작의 주체성과 예술적 해석의 의미를 재정립하게 만드는 존재라고 지적했다. 이는 초등교육에서도 동일하게 적용될 수 있는 통찰이다. 단순히 AI가 만들어 준 이미지를 수용하는 것이 아니라, AI와 함께 창작하는 과정에서 학생이 "무엇을 만들 것인가"라는 철학적 질문과 마주하게 되며, 이 질문이 오히려 학습자의 창의성과 자기성찰을 심화하는 계기가 된다.

나아가 초등학생은 글쓰기 수업에서도 생성형 AI를 도구로 활용할 수 있다. 예를 들어, 이야기의 도입 부분을 작성한 후, AI가 이어서 이야기를 전개하는 내용을 비교하며 창작의 흐름을 분석하고, 자신의 스타일로 다시 재창작하는 활동을 통해, 서사 구성, 문체 비교, 서술 전략 훈련 등 언어적 사고가 자연스럽게 촉진될 수 있다. AI + X 융합 교육은 교과 통합을 넘어 학생 중심의 경험 중심 학습으로 나아가는 중요한 교육적 전환점이다. AI는 도구에 불과하지만, 그것을 어떻게 교육적으로 설계하고 활용하느냐에 따라 학생은 지식의 수용자에서 창조자이자 문제 해결자로 성장할 수 있다. 초등교육에서 AI + X는 바로 이러한 변화를 가능하게 하는 작지만 강력한 실천의 출발점이다.

AI + X와 생성형 AI의 접점

최근 인공지능 기술의 급속한 발전은 교육의 본질적 변

화를 가속화하고 있으며, 그 중심에는 특히 생성형 AI가 존재한다. 챗GPT(ChatGPT), 달리(DALL-E), 런웨이(Runway), 수노(Suno), 어도비 파이어플라이(Adobe Firefly) 등으로 대표되는 생성형 AI는 사용자의 입력(프롬프트)에 따라 새로운 텍스트, 이미지, 음악, 영상 등을 생성하는 기술이다. 이러한 생성형 AI는 이제 학생의 탐구와 표현, 문제 해결의 과정 전반에 개입하는 협업자로서 자리 잡고 있다.

2025년 스프링거오픈(SpringerOpen)에 발표된 연구에 따르면, 생성형 AI 도구는 STEM 과목, 특히 개념 중심 교과에서 학습자의 이해도를 높이는 데 상당한 효과를 보였다. 연구에서는 열역학, 유체역학, 전기 회로 등 고등 수준의 과학 개념을 학습하는 과정에서 챗GPT와 같은 AI 도구가 실시간 질문 응답, 오개념 탐지, 단계별 설명 등을 통해 학생의 이해를 촉진하며, 기존 교재나 강의 중심 수업보다 높은 학습 몰입도와 자기주도성을 이끌어냈다고 분석했다.

초등교육에서도 이러한 가능성은 충분히 확장될 수 있다. 예를 들어, 초등학생이 "전기가 어떻게 작동하나요?" 또는 "식물이 햇빛을 받으면 어떤 일이 생기나요?"와 같은 질문을 챗GPT에 던질 경우, AI는 학생의 발달 수준에 맞는 간단한 설명부터 시각 자료 추천, 추가 질문 생성까지 다양한 방식으로 피드백을 제공할 수 있다. 이 과정은 학생 스스로 학습 과정을 통제하고 탐색하는 자기주도 학습의 기반이 된다.

이러한 교육적 가능성과 더불어, AI는 학습자의 탐구 활동을 지원하는 동시에 과도한 의존성을 유발할 수 있는 이중적 성격을 지니기 때문에 생성형 AI 도구의 활용에는 중요한 교육적 성찰도 함께 요구된다. 학생이 AI의 답변을 비판 없이 받아들이면, 오히려 사고의 깊이와 자율적 판단 능력이 약화될 수 있다. 특히 생성형 AI는 정답을 추론하는 방식이 아니라 학습된 데이터를 기반으로 언어적 일관성을 예측하는 방식이기 때문에, 정보의 정확성과 과학적 타당성을 보장하지 않는다. 초등학생의 경우 이 차이를 인식하기 어려우므로, 교사의 비판적 안내와 질문 유도가 반드시 병행되어야 한다. 궁극적으로 생성형 AI는 교사의 역할을 더욱 복합적이고 철학적으로 요구한다. 단순히 콘텐츠를 전달하는 역할을 넘어, 학생이 AI와 어떤 방식으로 상호작용할 것인지 설계하고, 윤리적 관점과 비판적 사고를 안내하는 안내자로서의 역할이 더욱 강조된다. 특히 초등학교에서는 AI의 결과물보다 학생이 AI와 상호작용하며 생성한 사고의 흐름과 성찰 과정에 주목하는 평가가 중요하다.

XAI-ED: 설명 가능한 인공지능 교육

AI 기술은 점점 더 많은 교육 환경에서 활용되고 있으며, 학습자의 성취 예측, 개별 맞춤형 피드백 제공, 수업 자료 추천, 자동 채점 시스템 등 다양한 형태로 교실에 스며들고 있다. 그러나 이러한 기술의 확산과 함께 점점 더 강조되고 있는 것이 바로 설명 가능성(Explainability)이다. 코스라비 외(Khosravi et al., 2022)는 교육 영역에 특화된 설명 가능한 인공지능 프레임워크 XAI-ED(Explainable AI in Education)를 제안했다. 이 프레임워크는 기존 AI 시스템이 어떻게 판단을 내리는지 사람에게 명확히 설명하지 못하는 불투명성, 즉 '블랙박스' 문제를 해소하기 위한 철학적, 기술적, 교육적 접근의 통합 모델로 이해할 수 있다. 이는 AI의 기술적 정확성을 보장할 뿐만 아니라 사용자인 교사와 학생, 그리고 관리자에게 결과의 의미와 판단의 과정을 명확하게 전달함으로써 AI의 교육적 활용을 정당화하고 신뢰를 구축하려는 접근 방식이다.

XAI-ED에서는 결과의 설명 가능성을 핵심 가치로 제시하고 있으며 AI가 도출한 결과에 대해 그 판단의 근거와 과정을 사용자에게 이해 가능한 형태로 제시하는 것을 중시한다. 또한 XAI-ED는 시스템 설계 초기 단계에서부터 데이터의 공정성(fairness)을 확보하고, 사회적 · 문화적 편향을 줄이며, 개인정보 보호를 최우선 가치로 삼아야 한다고 강조한다. 이러한 XAI-ED의 접근은 AI + X 융합 교육을 신뢰 가능하고 지속 가능하게 만들기 위한 철학적 기반을 제공한다.

아울러 교육 현장에서 생성형 AI나 분석형 AI를 도입하는 경우, 학생이 "왜 이런 결과가 나왔는지", "내가 무엇을 더 잘해야 하는지", "이 AI의 판단이 정확한 것인지" 등을 스스로 해석하고 판단할 수 있어야 한다. 이는 교육을 위한 AI 활용이 단순히 자동화가 아니라 비판적 사고력과 자기 주도성을 촉진하는 방향으로 설계되어야 함을 시사한다. 이러한 설명 가능성과 비판적 해석의 훈련은 장기적으로 AI를 사용하는 시민의 역량, 즉 AI 리터러시와 디지털 시민성의 핵심 기초가 된다. 학생이 AI의 결정을 절대적인 결과로 받아들이는 것이 아니라, 그것을 이해하고 필요에 따라 반박하거나 수정할 수 있는 능력을 갖추는 것이 XAI-ED가 지향하는 교육의 방향이다.

멀티모달 AI와 일반 지능로의 진화

지금까지 AI 기술은 특정 작업에 특화된 '좁은 인공지능

(Narrow AI)'의 범주에서 주로 발전해 왔다. 예를 들어, 텍스트를 생성하는 언어 모델, 이미지를 분류하는 시각 모델, 음성을 인식하는 음성 AI 등이 각각 독립된 방식으로 작동해 왔다. 그러나 최근 들어 다양한 형태의 데이터를 동시에 인식하고, 처리하고, 생성할 수 있는 멀티모달 AI 기술이 주목받고 있으며, 이는 궁극적으로 일반 인공지능(AGI, Artificial General Intelligence)으로 향하는 기술적 전환점으로 간주되고 있다.

이 외(Lee et al., 2023)는 이러한 멀티모달 AI의 발전이 인간의 감각과 사고 방식에 점점 더 가까워지고 있다고 분석했다. 인간은 텍스트를 읽고, 이미지를 해석하고, 말소리를 듣고, 동작을 관찰하며, 그 모든 감각 정보를 통합해 사고한다. 멀티모달 AI는 바로 이러한 인간의 통합적 인지 구조를 모방하는 방식으로 진화하고 있으며, 이를 통해 AI는 점점 더 복잡한 맥락을 이해하고, 정서적 신호를 감지하며, 다양한 양식의 표현을 조율할 수 있는 존재로 발전하고 있다.

AI + X 교육의 맥락에서 멀티모달 AI는 학생 중심 수업의 가능성을 획기적으로 확장한다. 기존 AI 도구가 텍스트 입력 중심이었다면, 이제 학생은 그림을 그리거나, 목소리로 말하거나, 몸을 움직이는 방식으로도 AI와 상호작용할 수 있게 된다. 이는 특히 초등학생처럼 언어적 사고가 완전하지 않거나, 비언어적 표현에 강점을 지닌 학습자들에게 매우 효과적인 교육 환경을 제공할 수 있다. 예를 들어, 그림을 통해 자신의 감정을 표현한 학생이 해당 그림을 AI에게 보여 주고, AI가 그 감정의 특징을 분석하거나, 비슷한 감정 표현이 담긴 시를 추천해 주는 활동은 시각, 언어, 감정 간의 다중모드 학습의 예시가 될 수 있다. 또는 학생이 자신의 음성으로 이야기한 내용을 AI가 인식하고, 이를 이야기 구조로 분석해 시각화하거나 애니메이션으로 구현해주는 활동은 청각, 언어, 시각 간 통합적 학습 경험을 가능하게 한다.

그러나 멀티모달 AI의 활용이 긍정적인 효과만을 지니는 것은 아니다. 오히려 이 기술의 진보는 교육적으로 더 정교한 설계와 윤리적 판단을 요구한다. AI가 학습자의 표정이나 목소리 톤, 움직임 등을 분석할 수 있게 되면, 개인정보와 정서 정보의 수집 및 해석이라는 새로운 차원의 민감성이 생긴다. 이러한 분석이 학습에 도움이 되기도 하지만, 자칫 학생의 상태를 기계적으로 규정하는 방식으로 사용될 경우 심각한 교육적 부작용을 야기할 수 있다. 예를 들어, AI가 "이 학생은 발표할 때 긴장도가 높다"는 분석을 교사에게 제공했을 때, 이를 교사가 어떻게 해석하고 사용하는가에 따라 학생의 자존감에 영향을 줄 수 있다. 따라서 멀티모달 AI는 교사와 학생의 상호 신뢰를 기반으로 한 사용 가이드라인, 설명 가능한 AI 원칙(XAI), 사생활 보호 정책 등이 병행되어야 한다.

멀티모달 AI는 궁극적으로 AGI, 즉 인간처럼 다양한 분야의 지식과 상황을 통합적으로 처리할 수 있는 지능으로의 진화 가능성을 열고 있다. 이는 교육에 중요한 질문을 던진다. "AI가 학습의 주체가 될 수 있는가?", "학습의 의미는 단지 정답을 찾는 것인가, 의미를 구성하는 것인가?", "AI와 함께 학습할 때 인간의 역할은 무엇인가?" 초등교육은 이 질문에 대한 답을 준비해야 할 가장 중요한 과정이다. 기술을 사용하는 것만이 아니라 기술과 함께 배우고, 기술을 비판하고, 기술의 결과에 책임지는 인간으로 성장할 수 있도록 멀티모달 AI와 AGI 시대를 위한 철학적 성찰과 교육적 구조가 필요하다.

AI + X 교육의 실천적 함의

AI 시대의 교육은 더 이상 지식을 전달하는 데 머무르지 않는다. 우리가 맞이하고 있는 변화는 교실의 모습, 교사의 역할, 학생의 학습 방식, 그리고 교육의 철학까지 근본적으로 재구성할 것을 요구하고 있다. 이 변화의 중심에는 AI라는 기술이 있으며, 그 기술이 다양한 분야와 융합되어 새로운 의미를 창출하는 AI + X 융합 교육은 오늘날 교육 혁신의 실질적인 방향성을 제시하고 있다.

AI + X는 단순한 기술 통합이 아니다. 그것은 학생이 세상을 바라보는 방식, 문제를 인식하고 해결하는 방식, 그리고 자신의 생각을 표현하고 공유하는 방식 전체를 다시 생각하게 만든다. 학생은 더 이상 정답을 외우는 학습을 경험하는 것이 아니라, 질문을 던지고 스스로 탐색하며, AI를 도구로 삼아 문제를 해결하는 창의적 실천자로 성장한다. 교사는 이 과정에서 지식을 전수하는 존재에서 학습 환경을 설계하고 학생의 사고를 유도하며 함께 문제를 고민하는 동반자이자 촉진자로 변화한다.

초등교육에서 AI + X의 실천은 특히 중요한 의미를 갖는다. 초등학생은 세상을 탐구하고자 하는 자연스러운 욕구와 놀이 중심의 학습 양식을 지닌 존재다. AI + X 교육은 이러한 발달적 특성과 맞물려, 학생이 현실 세계와 연결된 문제를 다양한 교과와 통합해 탐색할 수 있는 기회를 제공한다. 기후 변화, 지역사회 문제, 예술 표현, 친구와의 관계 등 실생활과 밀접한 주제를 중심으로 구성된 수업은 학생의 몰입과 주도성을 높이는 데 결정적인 역할을 한다.

또한 생성형 AI를 활용한 수업은 초등학생에게 새로운 표현의 기회를 제공한다. 글쓰기 수업에서 AI와 함께 스토리를 창작하고, 미술 수업에서 AI 도구를 이용해 상상의 이미지를 구현하며, 과학 수업에서 데이터를 분석하고 예측 모델을 만드는 활동은 모두 학생의 사고를 구체화하는 도구로 작용한다. 이 과정에서 학생은 AI의 결과를 일방적으로 전달받는 것이 아니라, 그 의미를 성찰하고 자신만의 방식으로 재구성한다. 이는 곧 AI 리터러시와 디지털 시민성의 기초를 형성하는 교육 과정이기도 하다.

AI + X는 교사에게도 새로운 과제를 제시한다. 도구를 소개하고 사용하기만 하는 수준을 넘어 학생의 수준과 맥락에 맞는 수업을 설계하고, AI의 판단을 설명할 수 있는 기반을 마련하며, 학생이 비판적 시각을 잃지 않도록 돕는 철학적 지향이 필요하다. 설명 가능한 AI와 같은 접근은 교육 현장에서 AI가 어떻게 사용되어야 하는지를 성찰하게 하며, 특히 초등 단계에서는 시각적, 구체적 피드백을 제공하고, 학생의 질문을 끌어내는 설계가 무엇보다 중요하다.

나아가 AI 기술은 점차 텍스트, 이미지, 음성, 행동 등 다양한 감각 양식을 통합하는 멀티모달 AI로 발전하고 있다. 이는 초등학생처럼 언어적 표현이 미숙하거나 다양한 표현 방식에 강점을 가진 학습자들에게 적합한 교육 환경을 제공할 수 있다. 손으로 그린 그림, 목소리로 표현한 이야기, 몸의 움직임을 통한 메시지 전달 등은 모두 AI와의 상호작용을 통해 학습의 자원이 된다. AI는 이 다양한 표현을 해석하고 확장할 수 있는 지적 파트너로 기능하면서, 학습자는 자신의 고유한 방식으로 사고하고 성장할 수 있는 기회를 얻게 된다.

결국 AI + X 교육은 기술이 아니라 사람을 중심에 둔 교육을 실현하는 하나의 전략이다. 교사는 기술을 통해 교육을 더 깊이 있고 풍부하게 만들 수 있어야 하며, 학생은 AI와의 상호작용 속에서 자율성과 비판적 사고, 창의성과 협업 능력을 키워야 한다. AI + X는 학생에게 지식을 전달하는 방식이 아니라, 지식을 구성하고 실천하며, 의미를 만들어 가는 새로운 배움의 길을 열어 준다.

이제 우리는 학생에게 "AI를 어떻게 사용할 것인가"가 아니라 "AI와 함께 무엇을 배울 것인가", "무엇을 만들어 낼 것인가", 그리고 "어떤 사회를 함께 설계할 것인가"를 묻고 가르쳐야 한다. 그것이 바로 AI 시대를 살아갈 초등학생에게 교육이 해야 할 가장 중요한 일이며, AI + X 융합교육이 그 길을 여는 실천적 출발점이 될 것이다.

참고문헌

Cukurova, M.(2024). The interplay of learning, analytics, and AI in education: A vision for hybrid intelligence. arXiv.

El Fathi, T., et al.(2025). Integrating generative AI into STEM education: enhancing conceptual understanding, addressing misconceptions, and assessing student acceptance. *Disciplinary and Interdisciplinary Science Education Research*, 7(1), 6.

Khosravi, H., et al.(2022). Explainable Artificial Intelligence in education: The XAI-ED framework. *Computers and Education: Artificial Intelligence*, 3, Article 100074.

Kunda, M.(2021). The AI Triplet: Computational, conceptual, and mathematical knowledge in AI education. arXiv.

Lee, G.-G., et al.(2023). Multimodality of AI for education: Towards Artificial General Intelligence. arXiv.

Sims, A.(2024). From creation to curriculum: Examining the role of generative AI in arts universities. arXiv.

Xu, W., & Ouyang, F.(2022). The application of AI technologies in STEM education: A systematic review from 2011 to 2021. *International Journal of STEM Education*, 9, 59.

06
디지털 소양과 AI 리터러시

디지털 대전환은 단순히 종이책을 태블릿으로 바꾸는 기술적 전환을 의미하지 않는다. 그것은 정보의 생산과 유통, 사고의 방식, 사회적 소통의 틀을 근본적으로 바꾸는 문명사적 전환이다. 학교 또한 이 변화와 관련이 있다. 교실에 컴퓨터와 전자칠판이 들어왔다고 해서 교육이 디지털화된 것은 아니다. 진정한 디지털 전환은 학생이 디지털 기술을 이해하고, 이를 비판적으로 사고하며, 창의적으로 활용할 수 있는 능력을 기르는 데서부터 시작된다.

AI와 민주주의?

디지털 대전환 시대, 교육은 무엇을 가르쳐야 하는가

지금 우리는 이전과는 전혀 다른 세계를 살아가고 있다. 정보는 실시간으로 생성되고, 수많은 데이터가 알고리즘을 통해 분석되며, 인공지능은 인간의 사고와 행동을 모방하고 결정에 개입한다. 단지 기술이 바뀐 것이 아니라, 사회의 작동 방식 자체가 근본적으로 변화하고 있는 것이다. 이처럼 인간과 기술이 밀접하게 얽힌 사회에서, 교육은 더 이상 기존 방식만으로는 미래를 준비시킬 수 없다는 사실이 분명해졌다.

이러한 시대의 흐름은 '디지털 대전환(Digital Transformation)'이라는 말로 압축된다. 디지털 대전환은 단순히 종이책을 태블릿으로 바꾸는 기술적 전환을 의미하지 않는다. 그것은 정보의 생산과 유통, 사고의 방식, 사회적 소통의 틀을 근본적으로 바꾸는 문명사적 전환이다. 학교 또한 이 변화와 관련이 있다. 교실에 컴퓨터와 전자칠판이 들어왔다고 해서 교육이 디지털화된 것은 아니다. 진정한 디지털 전환은 학생이 디지털 기술을 이해하고, 이를 비판적으로 사고하며, 창의적으로 활용할 수 있는 능력을 기르는 데서부터 시작된다.

그 핵심에 바로 '디지털 소양(Digital Literacy)'과 'AI 리

터러시(AI Literacy)'가 있다. 디지털 소양은 디지털 기기를 사용할 수 있는 능력뿐만 아니라 정보의 탐색, 분석, 생성, 공유에 이르기까지 전 과정에서 책임 있고 창의적으로 기술을 다룰 수 있는 통합적 역량을 말한다. AI 리터러시는 한 걸음 더 나아가, 인공지능 기술의 원리를 이해하고, 그것이 작동하는 방식과 사회적 영향을 비판적으로 해석하며, 기술과 인간의 관계를 성찰할 수 있는 사고 능력을 포함한다.

특히 이러한 리터러시는 초등교육 단계에서 그 기반이 형성되어야 한다. 왜냐하면 오늘날의 초등학생들은 태어나면서부터 디지털 환경에 익숙한 '디지털 네이티브'이기 때문이다. 하지만 '익숙함'이 곧 '이해'를 의미하지는 않는다. 유튜브의 추천 영상, AI 기반 번역기, 챗봇과의 대화 등 디지털과 AI는 아이들의 일상에 자연스럽게 스며들어 있지만, 그 속에 담긴 정보의 구조, 알고리즘의 원리, 기술의 한계와 윤리적 함의는 충분히 인식되지 않은 채 소비되고 있다. 그렇기에 초등교육은 아이들이 이러한 기술을 단지 '사용하는 법'만이 아니라, '이해하고 성찰하며, 의미 있게 활용하는 법'을 배우는 출발점이 되어야 한다.

디지털 소양과 AI 리터러시는 미래 사회를 살아가기

위한 준비 차원을 넘어서, 지금 이 순간 아이들이 살아가는 삶의 언어가 된다. 수많은 정보가 넘쳐 나는 사회에서, 아이들이 어떤 정보를 신뢰할 수 있을지 판단하는 기준을 갖추는 것, 어떤 문제에 주체적으로 질문을 던질 수 있는 사고력과 표현력을 기르는 것, 그리고 인공지능과의 상호작용을 통해 새로운 의미를 만들어 갈 수 있는 창의적 역량을 갖추는 것이 교육의 핵심 과제가 되어야 한다.

더 나아가 디지털 소양과 AI 리터러시는 미래의 시민성을 위한 기초 역량이기도 하다. AI는 더 이상 일부 전문가의 도구가 아니다. 누구나 일상에서 AI의 도움을 받을 수 있고, 때로는 그 판단에 따라 행동을 결정하기도 한다. 이때 필요한 것은 기술에 대한 맹목적 신뢰가 아니라, 비판적으로 묻고 이해하며, 책임 있는 선택을 할 수 있는 능력이다. 교육은 바로 이 지점을 놓치지 말아야 한다. 우리는 기술을 위한 인간이 아니라 인간을 위한 기술을 고민해야 하며, 교육은 그 중심에서 인간다운 사고와 윤리, 협력의 가치를 심어 주는 역할을 수행해야 한다.

디지털 기술이 인간의 삶 전반을 구성하는 인프라로 자리 잡은 지금, 학교 교육은 기술을 사용하는 것에서 나아가 기술을 어떻게 이해하고 활용하며 그 과정에서 책임 있게 사고하고 행동할 것인지를 함께 다루어야 한다.

이러한 맥락에서 강조되고 있는 핵심 역량이 바로 '디지털 소양'이다. 디지털 소양은 1990년대 말 인터넷 보급과 함께 등장했으나, 오늘날에는 단순한 컴퓨터 활용 능력을 넘어서는 비판적 정보 이해력, 창의적 활용 능력, 윤리적 디지털 시민성을 포함하는 개념으로 확장되고 있다. 특히 디지털 사회가 생성형 인공지능, 빅데이터, 소셜 플랫폼 등의 복합 기술 기반 위에 구축되면서, 그 안에서 정보를 수용하고 생산하며 상호작용하는 능력은 모든 시민이 갖추어야 할 기초 역량이 되었다. 이러한 흐름에 발맞춰, 국제기구들 역시 디지털 소양을 21세기 핵심 시민 역량으로 규정하고 있다.

디지털 소양에 대한 유네스코의 관점과 교육적 의미

오늘날 디지털 기술은 교육 현장을 넘어 일상생활, 시민 참여, 사회적 관계 전반에 걸쳐 막대한 영향을 미치고 있다. 이러한 디지털 전환의 시대에, 학생들은 기술을 '사용할 줄 아는' 능력을 갖추는 것만으로는 부족하다. 바로 이 지점에서 유네스코(UNESCO)는 디지털 소양을 "단순한 기술 숙련을 넘어서, 정보 활용의 비판성과 윤리적 책임을 포함하는 복합적 능력"으로 정의하며, 디지털 사회를 살아갈 모든 시민에게 요구되는 기본 역량으로 강조하고 있다.

유네스코는 디지털 소양을 단순한 컴퓨터 활용 능력으로 이해하지 않는다. 디지털 도구나 플랫폼을 다루는 기술적 측면을 포함하면서도, 더 나아가 온라인 정보의 신뢰성을 평가하고, 다양한 사회적 맥락 속에서 비판적이고 윤리적인 판단을 내릴 수 있는 능력까지 포함하는 '통합적이고 다차원적인 역량'으로 설명한다. 이처럼 유네스코가 바라보는 디지털 소양은 정보기술 시대의 민주 시민에게 필수적인 '지식, 기술, 태도'를 아우르는 포괄적 개념이다. 특히 유네스코는 디지털 소양 교육의 목표를 "자율적이고 책임 있는 디지털 시민으로의 성장"에 두고 있다. 디지털 환경에서 자신의 정체성을 형성하고, 다양한 사람들과 협력하며, 사회적 책임을 다할 수 있는 능력은 기술을 배우는 수업만으로는 길러질 수 없다. 디지털 공간에서의 행동이 곧 현실 세계에 영향을 미친다는 점에서, 유네스코는 기술, 정보, 시민성의 교육을 서로 분리된 것이 아니라 통합적인 방식으로 접근해야 한다고 강조한다.

이러한 관점에서 유네스코는 디지털 소양의 세 가지 핵심 축을 제시한다. 첫째는 '기술적 역량(digital skills)'

으로, 기기와 플랫폼을 효과적으로 다루고, 문제 해결을 위한 적절한 도구를 선택하고 사용할 수 있는 실용적 능력이다. 둘째는 '정보적 역량(information literacy)'으로, 방대한 디지털 정보 속에서 신뢰할 수 있는 정보를 식별하고, 이를 목적에 따라 평가하고 활용하는 비판적 사고 능력을 포함한다. 셋째는 '시민적 역량(digital citizenship)'으로, 디지털 공간에서 타인을 존중하며 윤리적으로 행동하고, 사회 문제에 능동적으로 참여하는 책임감 있는 태도다. 유네스코는 이 세 영역이 서로 독립적으로 교육될 것이 아니라, 실제 교육 현장에서 유기적으로 통합되어야 한다고 보았다. 예를 들어 학생이 디지털 도구를 활용해 뉴스 기사를 제작하는 프로젝트를 수행한다고 가정할 때, 그 과정은 콘텐츠 제작 기술뿐만 아니라 정보 출처의 검증, 표현의 책임성, 공공의 이익에 대한 고민 등 시민으로서의 역할을 포함하는 교육이 되어야 한다는 것이다.

초등교육에서 이러한 디지털 소양은 특히 중요한 의미를 갖는다. 초등학생은 사회적 가치관과 기술적 태도를 동시에 형성해 가는 시기에 있으며, 이 시기에 경험한 디지털 학습은 이후의 시민적 삶에 큰 영향을 미친다. 따라서 디지털 소양은 2022 개정 교육과정 총론에서 제시하고 있는 내용과 같이 정보 교과에서 기초 역량을 함양하고, 전 교과에 걸쳐 도메인 지식을 기반으로 통합적으로 확대하여 교육되어야 할 핵심 역량으로 자리매김해야 한다. 디지털 소양은 도구 중심의 기술을 가르치는 것이 아니라 인간 중심의 책임 있는 디지털 시민을 기르기 위한 교육철학이자 실천 전략이다. 학생이 디지털 환경에서 자율적이고 비판적으로 사고하며, 공동체의 일원으로서 윤리적 책임을 다할 수 있도록 돕는 것이야말로 진정한 디지털 소양 교육의 목표이며, 이는 초등교육에서부터 촘촘히 설계되고 실천되어야 한다.

유럽연합의 디지털 소양의 체계와 교육적 방향

유럽연합(EU)은 시민을 위한 디지털 역량의 체계적 정의와 교육적 방향을 제시하기 위해 시민을 위한 디지털 역량 프레임워크인 DigComp(Digital Competence Framework for Citizens)를 개발해 왔으며, 2022년 발표된 DigComp 2.2에서는 디지털 소양을 다섯 가지 핵심 역량 영역으로 구체화했다. 이 프레임워크는 정보 활용, 의사소통, 창작, 안전, 문제 해결이라는 전반적인 디지털 환경 속에서 시민이 갖추어야 할 통합적 역량을 포괄하고 있다.

첫째, 정보 및 데이터 활용 능력(Information and data

literacy)은 디지털 환경에서 정보를 수집하고 평가하며 이를 조직하고 활용하는 능력을 의미한다. 이는 정보를 찾는 기술에 그치지 않고, 정보의 신뢰성을 비판적으로 분석하고 목적에 따라 적절히 재구성하는 고차적인 사고 능력을 포함한다. 초등학생의 경우에는 인터넷에서 적절한 자료를 찾고, 출처를 확인하며, 중요한 내용을 정리하는 활동을 통해 이러한 역량이 기초적으로 길러질 수 있다.

둘째, 디지털 커뮤니케이션 및 협업 능력(Communication and collaboration)은 온라인 공간에서 타인과 효과적으로 소통하고 협력하는 능력을 의미한다. 이는 이메일, 메시지, 협업 플랫폼 등을 활용한 기술적 소통 능력뿐 아니라 디지털 예절, 공감적 태도, 문화적 다양성에 대한 이해 등을 포함하는 사회적 · 문화적 소통 역량이다. 초등교육에서는 안전한 온라인 의사소통, 협업 기반의 공동 프로젝트 활동 등을 통해 이 역량을 실천적으로 경험할 수 있다.

셋째, 디지털 콘텐츠 제작 능력(Digital content creation)은 텍스트, 이미지, 오디오, 영상 등 다양한 형태의 콘텐츠를 창의적이고 윤리적으로 생성하고 편집하는 기술을 뜻한다. 여기에는 콘텐츠 생성 기술을 비롯해 저작

권의 이해, 정보 재구성 능력, 디지털 표현력이 포함된다. 예를 들어 학생이 직접 영상을 촬영하고 편집해 학습 내용을 설명하는 활동은 이 역량을 자연스럽게 기를 수 있는 좋은 예다.

넷째, 디지털 안전과 프라이버시 보호(Safety)는 디지털 환경에서 개인정보와 기기의 보안을 지키고, 사이버 위협으로부터 자신을 보호할 수 있는 자율적이고 책임 있는 디지털 행동을 의미한다. 이는 비밀번호 설정, 백신 프로그램 사용 등과 같은 기술적 보안 조치는 물론 디지털 웰빙(Digital well-being), 온라인 윤리, 디지털 발자국 관리 등과 같은 심리적·사회적 측면까지 포함한다. 초등학생에게는 '좋은 비밀번호 만들기', '온라인에서 나를 소개할 때 지켜야 할 예절'과 같은 활동이 이 역량을 체화하는 첫걸음이 될 수 있다.

다섯째, 디지털 문제 해결 능력(Problem solving)은 디지털 도구를 활용해 실제 상황의 문제를 해결하거나, 새로운 기술을 학습하고 적용하는 유연성과 적응력을 의미한다. 이는 끊임없이 진화하는 디지털 환경에서 학습자가 스스로 기술적 문제를 탐색하고 해결책을 찾아가는 능동적 역량이며, 자기 주도적 학습 태도와 밀접하게 연결된다.

이와 같이 DigComp 2.2에서 제시된 다섯 가지 영역은 정보, 의사소통, 창작, 안전, 문제 해결의 전 영역에 걸친 통합적 디지털 시민성의 기초를 구성하고 있다. 이러한 관점은 특히 초등교육에서 디지털 소양을 단지 기술 교육이 아니라 삶과 연결된 실천 역량, 그리고 책임 있는 디지털 시민으로 성장하기 위한 기반으로 접근해야 함을 시사한다. 교육 현장에서는 디지털 소양 기반의 문제 해결 과정 수행을 위해 DigComp의 다섯 가지 영역을 기반으로 학생들이 일상 속에서 디지털 기술을 적극적이고 책임감 있게 사용할 수 있도록 연령별, 상황별 맞춤형 교육 전략을 구성하는 것을 검토해 볼 수 있다.

OECD가 제시하는 디지털 소양의 개념과 초등교육의 방향

오늘날 디지털 기술은 사회 전반에 걸쳐 빠르게 확산되고 있으며, 교육 분야 역시 예외는 아니다. 특히 OECD는 이러한 변화에 능동적으로 대응하기 위해, 디지털 소양을 복합적이고 통합적인 역량으로 정의하고 있다. 디지털 기기를 사용할 수 있는 능력뿐만 아니라 디지털 환경 속에서 정보를 이해하고 평가하고 윤리적으로 활용할 수 있는 능력을 아우르는 것이 바로 OECD가 제시하는 디지털 소양의 핵심이다.

OECD는 2018년에 발표한 보고서 "디지털 시대의 교육(Teaching in the Digital Age)"을 통해 디지털 기술이 학습을 보조하는 도구로만 활용되어서는 안 되며, 교사가 기술을 교수 · 학습 설계에 창의적으로 통합할 수 있어야 한다고 강조했다. 특히 학생들은 단순히 콘텐츠를 소비하는 수동적 학습자에서 벗어나, 기술을 매개로 사고하고 표현하며 문제를 해결하는 능동적 사용자로 성장해야 한다는 점을 지적한다(OECD, 2018).

이러한 관점을 좀 더 구체화한 것이 "OECD 학습 나침반 2030(OECD Learning Compass 2030)"이다. 이 프레임워크에서 디지털 소양은 기초 역량(foundational competence) 중 하나로 간주되며, 기술 조작 능력만이 아니라 정보 활용 능력, 협업 및 창의성, 윤리적 판단, 시민성까지 포함하는 총체적이고 미래 지향적인 능력 체계로 설명된다(OECD, 2019). 여기서 디지털 소양은 지식(Knowledge), 기술(Skills), 태도 및 가치(Attitudes and Values)를 통합한 다차원적 구조로 구성되며, 학생들이 기술을 '잘 쓰는 것'을 넘어서 '어떻게, 왜, 누구를 위해 쓸 것인가'에 대한 철학적 질문에 답할 수 있도록 안내하는 방향성을 제시한다.

OECD는 특히 21세기 디지털 독자(21st Century Readers)를 양성하는 데에 디지털 소양이 필수적이라고 강조한다. 2021년에 발간한 "21세기 독자: 디지털 세계에서의 문해력 개발(21st Century Readers: Developing Literacy Skills in a Digital World)"에서는 디지털 문해력(digital literacy)이 단지 화면을 읽는 능력이 아니라, 디지털 공간에서 생성되고 유통되는 정보를 비판적으로 해석하고, 그 의미를 분석하며, 사회적 맥락 속에서 책임감 있게 활용하는 능력임을 분명히 하고 있다(OECD, 2021). 이는 특히 초등학생에게 중요한 교육적 시사점을 제공한다. 정보의 출처를 구분하지 못하거나, 알고리즘이 제공하는 콘텐츠를 무비판적으로 수용할 가능성이 높은 어린 학습자에게 디지털 소양은 단순한 기능적 지식이 아니라 비판적 사고력과 사회적 책임 의식을 동시에 키워 주는 기초 역량으로 자리매김해야 하기 때문이다.

OECD는 디지털 교육의 포용성과 형평성에 대한 강조도 빠뜨리지 않는다. 2022년에 발표한 보고서 "포용적 디지털 교육을 만드는 법(How to Make Digital Learning Inclusive)"에서는, 디지털 기술이 교육 격차를 해소하는 수단이 되기 위해서는 모든 학생에게 공정한 접근성과 학습 기회를 보장해야 한다고 역설한다. 이는 디지털 소양이 '무엇을 배워야 하는가'라는 내용 차원을 넘어서 '누구에게, 어떻게 배움이 제공되어야 하는가'라는 교육 형평성의 문제와 긴밀히 연결되어 있음을 시사한다. 즉, OECD는 디지털 소양을 기술 중심 사고에서 인간 중심 사고로의 전환을 가능하게 하는 기초 역량으로 바라보고 있다. 디지털 소양은 디지털 사회에서 인간다운 삶을 살아가기 위해 필요한 핵심적인 교육 요소이며, 이는 초등학교 단계에서부터 일관된 철학적 배경과 체계 속에서 길러져야 함을 의미한다.

따라서, 디지털 소양은 디지털과 관련된 기술을 가르치고 배우는 것만이 아니라 디지털 환경에서 인간답게 살아가기 위한 역량을 길러 주는 과정이며, 초등교육은 이 역량의 기초를 형성하는 가장 중요한 시기에 있는 학생이 디지털 세계에서 능동적이고 윤리적인 사용자이며 창의적인 탐색자이자 책임감 있는 시민으로 성장할 수 있도록 도와야 함을 의미한다. OECD에서 제시하는 디지털 소양 프레임워크는 이와 같은 교육적 전환의 철학적 근거이자 실천적 지침을 제공한다.

AI 리터러시: 인공지능 시대 시민의 필수 역량

AI의 빠른 발전은 이제 단지 과학기술의 영역에 머물지 않고, 교육, 경제, 정치, 문화 등 사회 전반에 걸쳐 근본적인 변화를 일으키고 있다. 이러한 변화 속에서 인공지능이 인간의 사고와 판단을 보조하거나 대체하는 역할을 수행하게 됨에 따라, 이를 올바르게 이해하고 책임 있게 다룰 수 있는 능력으로서 AI 리터러시가 새롭게 주목받고 있다. AI 리터러시는 단순히 AI 기술을 사용할 줄 아는 기술적 능력 이상의 것을 요구한다. 미국 조지아공대의 연구자 롱과 마제코(Long & Magerko, 2020)는 AI 리터러시를 "AI 시스템을 이해하고 평가하고 책임 있게 사용할 수 있는 능력"으로 정의한다. 즉, 사용 능력뿐 아니라 AI의 작동 원리와 사회적 영향에 대한 비판적 인식과 창의적 상호작용 능력까지 포함하는 다차원적 개념이다. 이는 디지털 리터러시의 확장된 개념으로, 정보 처리 중심의 디지털 문해력에서 한 걸음 더 나아가, AI 기반 사회에서 주체적으로 사고하고 판단하는 시민성 교육으로 기능한다. AI 리터러시의 핵심 구성 요소는 다음과 같이 정리할 수 있다.

첫째, AI 시스템에 대한 기본 이해다. 이는 머신러닝,

알고리즘, 훈련 데이터, 분류와 예측 등 AI의 작동 메커니즘을 학습자의 수준에 맞게 이해하도록 돕는 것이다. 초등학생의 경우, 간단한 이미지 분류 모델 만들기나 챗봇 체험 등을 통해 AI의 기본 구조를 경험할 수 있다. 이러한 체험은 학생이 결과를 수동적으로 받아들이는 소비자가 아니라 기술의 구조를 이해하는 비판적 사용자로 성장하는 데 기초가 된다.

둘째, AI의 사회적 영향에 대한 성찰 능력이다. AI는 의료, 금융, 교육, 법률 등 다양한 분야에서 인간의 결정을 보조하고 있으며, 이 과정에서 알고리즘 편향, 자동화에 따른 일자리 문제, 개인정보 침해 등 다양한 사회적·윤리적 문제가 발생할 수 있다. 따라서 AI 리터러시는 기술의 사회적 맥락과 영향력을 성찰하고, 기술이 인간의 삶에 어떤 방식으로 개입하는지 판단할 수 있는 윤리적 감수성을 요구한다.

셋째, AI를 창의적이고 책임 있게 활용하는 능력이다. 학습자는 AI를 문제 해결을 위한 도구로서 창의적으로 활용해야 한다. 예를 들어, 학생이 지역의 미세먼지 데이터를 분석해 AI 모델로 예측하고, 이를 바탕으로 환경 캠페인을 기획한다면, AI는 단순 기술이 아닌 의미 구성과 실천을 위한 매개체가 된다. 이러한 실천은 AI 리터러시가 지식의 축적을 넘어서 창조적 생산과 공동체 참여를 포함하는 폭넓은 시민 역량임을 보여 준다.

투오미(Tuomi, 2018)는 AI 리터러시를 "학습자가 AI 시스템의 작동 원리와 사회적 영향을 이해하고, 그에 대해 윤리적으로 사고하고 행동할 수 있는 능력"으로 정의하며, 이는 도구 활용 능력이 아닌 시민성과 교육철학의 문제라고 강조했다. 이와 관련해 OECD(2021)는 AI 시대의 문해력은 단지 읽고 쓰는 능력을 넘어서 정보가 어떻게 생성되고 필터링되며 조작되는지를 이해하는 메타소양(meta-literacy)이 요구된다고 지적한 바 있다.

초등교육에서 AI 리터러시를 길러야 하는 이유는 분명하다. AI 기술을 일상과 학교에서 경험하는 처음의 단계이며, AI의 판단 결과를 비판 없이 수용할 가능성이 높은 연령대이기 때문이다. 따라서 이들에게 AI의 판단이 진리나 절대적인 것이 아니라 데이터와 알고리즘에 의해 구성된 결과물이며 오류나 편향이 내포될 수 있다는 점을 알려 주는 교육이 절실하다. 예를 들어 "AI가 말한 이 답이 진짜 정답일까?", "우리는 어떻게 다른 정보를 찾아보고 비교해 볼 수 있을까?"와 같은 교사의 질문은, 학생이 AI와의 상호작용을 통해 자기주도적이고 비판적인 사고를 기르는 기회가 될 수 있다.

더 나아가, AI 리터러시는 AI 기술을 윤리적이고 공정하게 사용하는 태도까지 포함해야 한다. 이는 특정 데이터를 기반으로 AI가 특정 집단을 차별하거나 왜곡된 판단을 내릴 수 있다는 점을 이해하고, 이를 감시하고 책임을 논의할 수 있는 디지털 시민성의 핵심으로 작용한다. 학생들은 AI가 가진 힘과 한계를 모두 이해한 상태에서 기술과 사회의 관계를 비판적으로 고찰할 수 있어야 한다. AI 리터러시는 AI 시대에 인간이 기술의 도구가 되지 않고 기술을 도구로 삼아 의미 있는 삶을 설계할 수 있음을 고려해야 한다. 나아가 초등교육이 그 시작점이 된다는 점을 기억하고, 미래에 검토할 것이 아니라 지금 여기에서 반드시 길러야 할 교육의 핵심 과제인 것이다.

AI 사고력: 인공지능 시대의 문제 해결을 위한 사고 과정

AI 기술이 사회 전반에 걸쳐 급속도로 확산되고 있는 오늘날, AI 도구를 사용하는 기술적 능력만으로는 미래 사회가 요구하는 역량을 충족하기 어렵다. 이에 따라 주목받고 있는 개념이 바로 "AI 사고력(AI Thinking)"이다. 이는 AI 기술을 기반으로 문제를 인식하고 분석하며, 창의적이고 비판적인 시각으로 해결 방안을 설계하는 통합적인 사고 과정이다. AI 사고력은 정보 처리 기술이나 알고리즘을 습득하는 데서 그치지 않고, 인간의 사고 능력과 AI 기술을 결합해 문제를 탐색하고 해결책을 설계하는 복합적 지적 역량으로 정의된다. AI 사고력은 전통적인 컴퓨팅 사고력(computational thinking)과 유사한 점도 있지만, 그 초점은 다소 다르다. 컴퓨팅 사고력이 문제를 정형화하고 알고리즘화하며 자동화하는 능력에 중점을 둔다면, AI 사고력은 데이터 기반 사고, 인간-기계 상호작용, 윤리적 고려, 반복적 학습 구조 등을 통합적으로 고려하는 사고 역량이다. 특히 AI 사고력은 기술에 대한 이해와 함께, 그 기술이 실제 사회 문제에 어떻게 적용되고 작동하는지에 대한 성찰적 사고를 포함한다.

신승기(Shin, 2021)는 AI 사고력을 정의하기 위해 사례 연구와 텍스트 분석 기반의 데이터 분석 방법을 결합해, 공동 출현 단어 분석(co-word analysis)과 워드 임베딩 기법(word2vec)을 기반으로 AI 사고력의 핵심 개념들을 도출했으며, 이를 기반으로 AI 사고력이 포함해야 할 사고 활동을 다음과 같이 제시했다. 첫째는 문제 발견과 토론(Discussing Problems) 단계로, AI 사고력은 주어진 문제를 해결하는 데 그치지 않고, 문제를 발견하고 이를 타인과 논의하는 과정에서 출발한다. 이는 학생들이 스스로 문제 상황을 정의하고, 문제의 의미를 성찰하는 단계를 포함한다. 둘째는 아이디어 제안(Providing Solutions) 단계로, 문제를 인식한 후에는 다양한 해결책을 제시하고, 그 아이디어들의 타당성을 검토하는 사고 과정이 이어진다. 셋째는 시연과 검증(Demonstrating and Proving) 단계로, 도출된 해결책을 실제로 적용하고, 이를 통해 그 해결책이 얼마나 효과적인지를 실험하고 평가한다. 이러한 과정은 AI 기술의 핵심 속성인 반복적 테스트와 최적화와도 밀접하게 연결된다. 넷째는 분석과 개발(Analytics and Development) 단계로, AI 사고력은 단지 정해진 절차를 따르는 것이 아니라, 문제를 깊이 있게 분석하고 새로운 해결책을 설계 및 발전시키는 능력까지 포함한다. 다섯째는 대화와 협업(Conversations and Collaboration) 단계로, AI 사고력을 내면적 사고(inner thinking process)와 외적 상호작용(external thinking process)을 포함하는 복합적 사고로 정의하며, 특히 동료와의 협업이나 교사와의 피드백을 통해 사고의 깊이를 확장하는 것이 핵심이라고 보았다.

AI 사고력은 기억(Memorizing), 이해(Understanding), 적용(Applying)이라는 세 단계의 인지 과정으로도 설명할 수 있다(Shin, 2021). 학생은 먼저 AI 관련 기초 개념을 습득한 뒤, 이를 실제 문제 상황에 연결해 이해하고, 이후 알고리즘 설계나 데이터 분석 등을 통해 자신의 해결 전략을 적용한다. 이때 반복 학습과 피드백을 통해 문제 해결 전략은 더욱 정교화된다. 교육 현장에서 AI 사고력을 실현하기 위해서는 교사가 사고의 촉진자로서 역할을 수행하는 것이 중요하다. 교사는 학생에게 문제 상황을 제시하고, 데이터 수집, 모델링, 분석 등의 단계에서 필요한 비계(scaffolding)를 제공하며, AI 기술의 원리를 안내하되, 해결의 주체는 학생 스스로가 되도록 유도해야 한다. 예를 들어, 기후 변화에 관한 데이터를 AI 기반 회귀 모델로 분석해 향후 변화를 예측해 보는 프로젝트를 수행할 수 있으며, 학생은 이러한 활동을 통해 데이터의 구조, AI 모델의 작동 방식, 결과 해석과 사회적 함의까지 통합적으로 경험하게 된다.

AI 사고력은 단순히 AI 기술을 사용하는 능력이 아니라, 인간 중심의 사고 과정을 AI와 결합해 새로운 문제 해결 능력을 창출하는 지적 주도성(intellectual agency)의 표현이라고 할 수 있다. 오늘날의 AI 교육은 기술 중심에서 사고 중심으로 전환되어야 하며, 그 중심에서 AI 사고력이 중요한 역할을 담당할 수 있다.

디지털 소양과 AI 리터러시의 교육적 함의

우리는 지금 인공지능이 삶의 모든 영역에 스며든 새로운 문명의 한가운데 서 있다. 디지털 대전환이란 단어가 더 이상 미래의 상상이 아니라 오늘의 일상으로 다가오고 있는 시대, 교육은 '무엇을 가르칠 것인가'라는 고전적인 질문을 넘어 '어떻게 살아갈 것인가'라는 존재적 물음을 다루지 않을 수 없게 되었다. 그리고 그 대답은 단지 새로운 기술에 대한 교육이나 활용을 위한 도구적 관점에 머무르지 않는다. 디지털 소양과 AI 리터러시는 디지털 전환 시대의 인공지능 중심 사회에서 어떻게 살아갈 것인가에 대한 미래 시민의 핵심 역량이 될 것이며, 유네스코, 유럽연합, OECD 등 국제기구들이 제시한 디지털 역량의 프레임워크가 기반이 될 것이다. 이 프레임워크들은 디지털과 인공지능에 대한 이해와 성찰, 그리고 인간 중심의 가치 추구를 교육의 목표로 삼고 있다.

초등교육에서 이들 역량은 더욱 절실하다. 디지털 네이티브로 자라는 아이들은 이미 인공지능과 디지털로 둘러싸인 환경에 살고 있지만, 그 속에서 어떻게 사고하고, 어떻게 판단하며, 어떻게 함께 살아갈 것인지에 대한 교육은 여전히 충분하지 않다. 아이들은 유튜브를 보고, 생성형 AI로 글을 쓰고, 자동 번역기를 사용하면서도 그 기술이 어떤 원리로 작동하는지, 그 결과를 얼마나 신뢰할 수 있는지, 그 사용이 다른 사람에게 어떤 영향을 줄 수 있는지를 잘 알지 못한다. 바로 그렇기 때문에, 초등교육은 디지털 소양과 AI 리터러시, 그리고 AI 사고력을 학생의 생활 속에서 실천 가능한 역량으로 길러 주는 출발점이 되어야 한다. 이를 위해서는 아이들이 경험하는 모든 학습 상황에서 비판적으로 사고하고, 윤리적으로 판단하며, 창의적으로 표현하는 과정이 자연스럽게 구성되어야 하며, 교사는 사고를 유도하고, 협력을 촉진하며, 의미 있는 배움의 과정을 설계하는 촉진자로서 역할을 수행해야 한다. 이를 통해 교육은 학생이 더 넓은 세계를 이해하고, 더 깊은 문제를 탐구하며, 더 나은 사회를 상상할 수 있도록 도울 수 있으며, 그 과정에서 디지털 소양, AI 리터러시, AI 사고력은 중요한 매개가 될 것이다. 우리는 아이들에게 단지 '디지털 기기를 사용할 줄 아는 능력'을 가르칠 것인가, 아니면 '인공지능과 디지털의 본질을 이해하고, 그것을 통해 더 나은 세상을 만들 수 있는 사고와 실천의 힘'을 길러 줄 것인가를 고민해 보아야 한다.

참고문헌

European Commission(2022). The Digital Competence

Framework 2.2. Publications Office of the European Union. https://joint-research-centre.ec.europa.eu/digcomp/digcomp-framework_en

Long, D., & Magerko, B.(2020). What is AI literacy? Competencies and design considerations. Proceedings of the 2020 CHI Conference on Human Factors in Computing Systems, 1-16. https://doi.org/10.1145/3313831.3376727

OECD(2018). Teaching in the digital age: How educators use technology to enhance student learning. Paris: OECD Publishing. https://doi.org/10.1787/9789264287510-en

OECD(2019). OECD Future of Education and Skills 2030: OECD Learning Compass 2030. https://www.oecd.org/education/2030-project/

OECD(2021). 21st Century Readers: Developing Literacy Skills in a Digital World. Paris: OECD Publishing. https://doi.org/10.1787/a83d84cb-en

OECD(2022). How to make digital learning inclusive: Education Policy Perspectives No. 50. https://www.oecd.org/education/

Shin, S.(2021). A study on the framework design of artificial intelligence thinking for artificial intelligence education. *International Journal of Information and Education Technology*, 11(9), 392-397. https://doi.org/10.18178/ijiet.2021.11.9.1540

Tuomi, I.(2018). The Impact of Artificial Intelligence on Learning, Teaching, and Education: Policies for the Future. Publications Office of the European Union.

https://doi.org/10.2760/12297
UNESCO(2018). Digital literacy in education: Policy brief. Paris: United Nations Educational, Scientific and Cultural Organization.
UNESCO(2021). AI and education: Guidance for policy-makers. Paris: United Nations Educational, Scientific and Cultural Organization.
UNESCO(2022). Reimagining our futures together: A new social contract for education. Paris: United Nations Educational, Scientific and Cultural Organization.
Wilson, C., et al.(2011). Media and Information Literacy Curriculum for Teachers. Paris: UNESCO.

07
초등학교에서 AI 활용의 세 가지 관점

컴퓨터는 계산 기계나 시뮬레이션 도구의 수준을 넘어, 데이터를 학습하고 패턴을 인식하며 스스로 결과를 생성하는 인공지능의 시대로 진입했다. 교육 현장에서도 AI는 학습 환경의 능동적 참여자로 작동하기 시작했다. AI는 교사의 보조 교사로, 학습자의 피드백 제공자로, 때로는 학생 스스로가 훈련시키는 모델로 등장하며, 테일러가 제시한 세 가지 범주는 다시 한 번 새로운 조명을 받고 있다.

AI와 애니메이션?

들어가며: 학교 안의 AI – 튜터, 도구, 튜티의 새로운 방향

1980년, 로버트 테일러(Robert Taylor)는 《학교 안의 컴퓨터(The Computer in the School)》에서 컴퓨터가 학교 교육에서 수행할 수 있는 세 가지 역할을 제시했다. 그는 컴퓨터를 튜터(Tutor), 도구(Tool), 튜티(Tutee)라는 세 범주로 구분했으며, 이는 당시 컴퓨터 기반 학습이 교육과정에 도입되던 초기 단계에서 교사와 학생이 컴퓨터와 상호작용하는 방식을 이론적으로 정립한 매우 선구적인 작업이었다. 튜터로서 컴퓨터는 교사처럼 지식을 전달하고 학습자를 평가하는 기능을 수행했고, 도구로서 컴퓨터는 계산기, 워드프로세서, 시뮬레이션 소프트웨어처럼 인간의 사고와 작업을 확장하는 수단이 되었으며, 튜티로서 컴퓨터는 학생이 직접 컴퓨터를 프로그래밍하거나 가르치는 과정을 통해 학습을 심화하도록 유도하는 구성주의적 접근을 반영했다(Taylor, 1980).

40여 년이 지난 오늘날, 우리는 그때보다 훨씬 더 정교하고 지능화된 기술 환경 속에 살고 있다. 컴퓨터는 계산기계나 시뮬레이션 도구의 수준을 넘어, 데이터를 학습하고 패턴을 인식하며 스스로 결과를 생성하는 인공지능의 시대로 진입했다. 교육 현장에서도 AI는 학습 환경의 능동적 참여자로 작동하기 시작했다. AI는 교사의 보조 교사로, 학습자의 피드백 제공자로, 때로는 학생 스스로가 훈련시키는 모델로 등장하며, 테일러가 제시한 세 가지 범주는 다시 한 번 새로운 조명을 받고 있다.

"AI는 학교에서 무엇이 될 수 있는가?", "AI는 단순한 도구인가, 혹은 사고의 동반자인가?"와 같은 물음들은 인공지능을 단순한 기술로 보느냐, 교육의 변화를 촉진하는 철학적 틀로 보느냐의 차이를 의미한다. 따라서, 테일러의 프레임을 그대로 계승하면서도, AI 기술이 가진 진화된 속성과 사회문화적 함의를 고려해 "학교 안의 AI(AI in the School): 튜터, 도구, 튜티"로서 다음과 같이 재정의하고자 한다.

먼저, 튜터(Tutor)로서 AI는 교사처럼 학생에게 학습 자료를 제시하고, 수행을 분석하며, 개별화된 피드백을 제공하는 기능을 수행한다. 이는 기존 CAI(Computer-Assisted Instruction)나 지능형 튜터 시스템(ITS)의 확장된 형태로, AI는 점점 더 학습자의 감정 상태나 학습 선호도를 인식해 정서적 · 인지적으로 반응하는 정교한 교수자 역할을 하게 된다.

둘째, 도구(Tool)로서 AI는 AI가 사고 확장을 위한 인지적 도구로 사용되는 방식을 의미한다. 학습자는 AI 기반 데이터 시각화 도구, 생성형 텍스트 및 이미지 도구, 자연어 기반 질의 응답 시스템 등을 통해 자신의 아이디어를 구체화하거나 문제를 분석하고 해석하는 과정을 수행한다. 이는 AI가 학습자의 표현과 탐색, 창의적 활동을 지원하는 촉진자 역할을 수행한다는 점에서 중요한 교육적 의미를 지닌다.

셋째, 튜티(Tutee)로서 AI는 학생이 AI 시스템을 학습시키는 과정, 즉 학습자가 AI를 '가르치는' 활동을 통해 사고를 명확히 하고 학습을 심화하는 과정이다. 이는 시모어 페퍼트가 강조한 구성주의적 사고에 기반하여, 학습자가 AI 모델에 데이터를 입력하고, 학습 과정을 조정하며, 결과를 분석하는 과정 속에서 메타인지적 반성과 창의적 사고를 경험하는 교육 전략이다. AI는 이 과정에서 학습자의 학습 파트너이자 사고 실험의 대상이 된다.

초등교육은 이 세 가지 역할을 유기적으로 통합할 수 있는 가장 역동적인 교육 현장이다. 초등학생은 아직 디지털 기술에 대한 고정된 편견 없이 탐색하고 실험하며, 실패와 오류조차도 배움의 기회로 인식하는 열린 인지 태도를 지니고 있다. 따라서 AI는 이 시기의 학습에서 매우 강력한 동기 유발자이자 사고 확장 도구, 그리고 사고를 정리하는 협력 파트너가 될 수 있다. 물론 이는 단순히 기술을 도입하는 것만으로 실현되지 않는다. AI를 교육에 통합하려는 시도는 반드시 교육철학, 교수 전략, 윤리적 고려, 교사 연수, 학습자의 디지털 소양 등의 다양한 요소들과 함께 설계되어야 한다.

튜터로서 AI: 교사를 도와주는 인공지능

로버트 테일러는 교육 현장에서 컴퓨터가 수행할 수 있는 세 가지 역할을 제시하면서, 그 첫째로 튜터의 역할을 강조했다. 그에 따르면 컴퓨터는 학생에게 정보를 제공하고, 개별 학습 경로를 설계하며, 피드백을 제공하는 일종의 보조 교사 역할을 수행할 수 있었다. 이 개념은 당시에는 주로 CAI(Computer-Assisted Instruction) 형태의 기계적 반복 학습 시스템에 적용되었지만, 오늘날에는 인공지능의 발달과 함께 훨씬 더 정교하고 지능화된 방식으로 진화하고 있다.

오늘날의 AI는 단순한 연산 장치를 넘어서 학습자의 상태와 반응을 인식하고, 적절한 설명을 제공하며, 지속적으로 그 피드백을 조정하는 디지털 기반의 교수 과정을 지원하는 기능을 갖고 있다. 특히 생성형 AI는 자연어로 된 질문에 실시간으로 답하고, 복잡한 개념을 쉽게 풀어 설명하거나, 학습자의 오류를 정밀하게 분석해 피드백을 제공할 수 있다. 이로써 AI는 단지 지식을 저장하고 전달하는 일방적 기계가 아니라, 학생과 대화하며 학습을 촉진하는 지능적 튜터의 가능성을 보여 주고 있다. 튜터로서 AI는 다음과 같은 특성을 기반으로 학생의 학습을 도울 수 있다.

첫째, 개별 학습(Personalization) 환경을 제공한다. AI는 학습자의 이전 학습 기록, 문제 풀이 패턴, 이해 속도, 반응 시간 등의 데이터를 분석해 각기 다른 학생에게 최적화된 학습 콘텐츠를 제공한다. 예를 들어, 수학 학습 플랫폼에서는 틀린 문제의 유형을 분석해 해당 개념을 강화할 수 있는 문항을 자동으로 추천하고, 반복 학습을 유도한다.

둘째, 즉각적이고 반복적인 피드백 제공(Immediate Feedback)이 가능하다. AI는 학생의 답변이나 질문에 대해 즉각적인 응답을 제공하며, 그 과정에서 이해의 깊이와 사고의 흐름을 추론한다. 예를 들어, 초등학생이 영어 문장을 잘못 썼을 때, AI는 단순히 틀렸다고 말하는 것이 아니라 무엇이 잘못되었는지, 어떻게 고칠 수 있는지, 비슷한 예문은 무엇인지 등을 제시하며 학습의 방향을 조율할 수 있다.

셋째, 정서적 지원(Affective Support)의 가능성도 함께 열려 있다. 최근의 AI 기술은 학생의 언어 표현, 반응 속도, 눈길, 표정 등을 기반으로 학습자의 감정 상태를 추정할 수 있으며, 격려의 말, 적절한 도전 과제 제공, 칭찬 등으로 학습 동기를 자극할 수 있다.

튜터로서 AI는 초등학교 교실에서도 다양하게 활용될 수 있다. 예를 들어, 구글 소크라틱(Socratic by Google)은 학생이 촬영한 수학 문제를 인식하고, 그 풀이 과정을 단계적으로 설명해 주는 앱이다. 이 AI는 학생이 어느 단계에서 실수를 했는지를 분석하고, 그에 맞는 피드백을 제공한다. 정답을 알려 주는 것이 아니라, 왜 그렇게 푸는지를 논리적으로 설명함으로써 이해 기반 학습을 가능하게 한다. 언어 학습 분야에서는 듀오링고(Duolingo)와 같은 AI 기반 앱이 효과적으로 활용되고 있다. 이 앱은 초등학생이 잘못 입력한 문장을 분석하고, 이를 올바른 문장으로 고쳐 제시하며, 그 이유를 설명하는 방식으로 학습을 돕는다. AI가 학습자의 실수를 분석하고 맞춤형 문제를 제공하는 이 방식은 일대일 튜터링에 준하는 수준의 교육 효과를 기대할 수 있다.

튜터로서 AI의 발전은 분명히 교육의 접근성을 확대하고, 개별화 학습을 실현하며, 학습자 중심 수업의 가능성을 확장하는 데 기여하고 있다. 그러나 그에 따른 교육적 시사점과 한계 또한 함께 고려해야 한다. 무엇보다 AI는 교사의 역할을 대체하는 것이 아니라 보완하는 존재라는 점을 분명히 인식해야 한다. AI는 반복 학습, 개념 설명, 피드백 제공 등에 강점이 있지만, 학생의 정서적 공감, 창의적 발문, 윤리적 판단을 이끄는 역할은 여전히 인간 교사의 몫이다. AI가 아무리 정교해진다 해도, 학생의 맥락을 온전히 이해하고 인간적인 관계를 맺는 데는 한계가 있다. 또한 AI는 훈련된 데이터에 기반한 결과를 제공하므로, 오류와 편향(bias)의 가능성에서 완전히 자유롭지 않다. 초등학생과 같은 어린 학습자는 AI의 답변을 진리처럼 받아들일 수 있기 때문에, 교사의 비판적 중재와 정보 출처에 대한 지도가 반드시 병행되어야 한다. 아울러, AI가 제공하는 '정답 중심'의 피드백이 학생의 비판적 사고와 창의성, 탐색 능력을 제한할 가능성도 존재하므로 스스로 질문을 던지고, 자신의 생각을 구성해 볼 수 있는 환경을 함께 설계해야 한다.

튜티로서 AI: 학생이 인공지능을 직접 가르쳐 보기

AI 시대에 들어선 교육은 인간과 기계의 관계를 새롭게 정의하는 과제를 안고 있다. 단순히 교사가 지식을 전달하고 학생이 수용하는 일방향적 구조를 넘어서, 학생이 지식을 스스로 구성하고 외부 대상을 변화시킴으로써 자신의 이해를 심화하는 방향으로 학습 구조가 확장되고 있다. 이러한 변화의 중심에 자리한 교육적 관점이 바로 튜티로서 AI, 즉 "학생이 인공지능을 가르치는 경험"이다. 테일러가 제시한 튜티의 개념은 당시 교육계에 신선한 전환점을 제시했다. 테일러는 학생이 컴퓨터에게 명령을 내리고 프로그램을 구성하는 과정을 통해 오히려 자기 자신의 사고를 더 명확하게 이해하고 정교화하는 기회를 얻는다고 보았다. 이는 단지 결과를 만드는 기술적 활동이 아니라, 학생이 지식을 구조화하고 언어화하며, '설명할 수 있는' 상태로 전환하는 메타인지적 학습 전략이었다. AI 시대의 튜티는 이러한 관점을 더욱 확장한다. 컴퓨터가 단순한 프로그램 입력의 대상이었던 과거와 달리, 오늘날의 인공지능은 데이터를 기반으로 학습하며, 그 과정 자체가 학생의 입력에 의존한다. 다시 말해, 학생은 AI를 '학습시키는' 교사로서 기능하며, AI는 학습자의 훈련과 피드백을 통해 성장하는 학습자, 즉 튜티가 된다. 이러한 관계는 오늘날 교육 기술의 발전과 함께 실질적인 수업 활동 속에서 실현되고 있다. 예컨대 학생이 '웃는 얼굴'과 '화난 얼굴'을 구별하는 인공지능을 직접 훈련시킨다고 해 보자. 학생은 표정 이미지들을 직접 수집하고, 라벨을 붙이며, 훈련 결과가 부정확할 경우 원인을 탐색하고 데이터를 다시 구성하는 작업을 수행한다. 이 일련의 과정은 단순한 기계 조작을 넘어 정보의 분류, 개념의 정의, 기준 설정, 실험과 검증을 포함한 고차 사고 활동으로 확장된다.

AI를 학습자(Tutee)로 바라보는 접근은 학생들에게 기술적 체험을 제공할 뿐만 아니라 깊이 있는 사고를 자극하고 학습의 질을 향상시키는 다양한 교육적 기회를 제공한다. 특히 이와 같은 학습 구조는 다음과 같은 세 가지 측면에서 중요한 교육적 함의를 지닌다.

첫째, 자기주도성과 메타인지의 촉진이다. 학생이 인공지능에게 무언가를 설명하거나 가르친다는 것은, 자신의 사고 과정을 외부로 드러내고 그것을 검토하는 반성적 학습의 과정과 밀접하게 연결된다. 예컨대 AI 모델이 기대한 대로 작동하지 않을 때, 학생은 왜 그런 결과가 나왔는지를 분석하게 된다. 이 과정에서 학생은 자신이 제공한 데이터, 설정한 기준, 설계한 분류 체계를 돌아보며, '내가 무엇을 어떻게 알고 있었는가', '놓치고 있었던 점은 무엇인가'와 같은 질문을 자연스럽게 던지게 된다.

둘째, 알고리즘적 사고력과 문제 해결 역량의 향상이

다. AI를 훈련시키는 과정은 무작위적인 반복이 아니라 목표 달성을 위한 체계적 전략 설정이 필요하다. 예를 들어, 이미지 분류 모델을 훈련시키기 위해 학생은 데이터의 특성을 구분하고 라벨링하며, 오류가 발생했을 때 그 원인을 탐색하고 다시 조건을 조정하는 일련의 과정을 경험하게 된다. 이러한 과정은 조건 논리(if-then 구조), 패턴 인식, 오류 추적, 반복 실험, 최적화 전략 등 전형적인 알고리즘적 사고의 적용을 요구하며, 문제 해결 과정의 절차성과 논리적 정당성에 대한 감각을 자연스럽게 익히게 만든다.

셋째, AI 윤리와 사회적 영향에 대한 성찰 기회 제공이다. AI를 직접 훈련시켜 본 학생들은 AI가 인간처럼 판단하거나 스스로 사고하는 존재가 아님을 분명히 인식하게 된다. 결과가 정확하거나 기대한 대로 나오지 않는 이유가 훈련 데이터의 편향, 입력 방식의 오류, 설정된 알고리즘의 한계 때문임을 경험적으로 깨닫는다. 이는 기술의 작동 방식에 대한 이해를 도울 뿐만 아니라 기술을 신뢰하되 맹신하지 않는 태도, 즉 비판적 수용의 태도를 기르는 데 결정적인 역할을 한다. 학생은 "AI가 항상 옳은가?", "누가 데이터를 만들었는가?", "이 판단은 공정한가?"와 같은 질문을 통해 디지털 시민으로서의 책임감과 윤리적 민감성을 발전시킬 수 있다.

이러한 학습 경험은 단지 미래 기술에 대한 이해 수준을 높이는 데 그치지 않고, AI 기술을 둘러싼 사회적 문제와 윤리적 쟁점을 교육적으로 탐색할 수 있는 기반을 제공한다. 결국, AI를 학습시키는 경험은 역설적으로 학생 자신이 스스로를 학습하는 경험이 되며, 이 과정에서 학생은 기술에 대한 이해, 문제 해결 능력, 그리고 사회적 책임성을 통합적으로 성장시키는 진정한 의미의 학습을 수행하게 된다. 튜티로서 AI는 교육적 메타포를 넘어서 인간 중심의 사고를 강화하고 학생이 주도적으로 지식과 기술을 재구성하는 새로운 학습 문화를 가능하게 한다. 학생은 AI를 학습시키며, 동시에 자신의 사고 구조도 다시 배우게 된다. 그리고 이러한 경험은 학생으로 하여금 인공지능을 소비적으로 활용하는 수동적 소비자에서 인공지능을 이해하고 조절할 줄 아는 능동적 사용자로 성장할 수 있는 발판이 된다.

도구로서 AI: 디지털 시대의 도구 및 동반자

테일러가 제시한 컴퓨터를 교육에서 사용하는 세 가지 방식 중에서 도구(Tool)는 컴퓨터를 '생각을 위한 도구(thinking tool)'로 활용하는 접근이다. 즉, 컴퓨터가 교사를 대신해 정보를 가르치거나 학생에게 가르침을 받는 객체로 사용되기보다는, 학생이 자신의 사고를 구성하고 표현하며 확장해 나가는 데 도움을 주는 매개체로 기능하는 것이다. 오늘날 인공지능 기술의 발달은 이 도구적 관점을 한층 더 발전시켰다. AI는 계산기나 워드프로세서처럼 정적인 기능을 수행하는 것이 아니라, 학생의 질문을 이해하고, 맥락에 따라 다양한 자료를 제공하고, 학습자의 수준에 맞는 설명을 실시간으로 생성해 줄 수 있는 지능적 도구가 되었다. 이러한 점에서 도구로서 AI는 교실 수업에서 학습자 중심 교육을 실현하는 데 중요한 전환점을 제공하고 있다.

AI 도구는 학생이 자신의 생각을 시각적으로 표현하고 구체화할 수 있도록 지원한다. 예를 들어 달리(DALL · E), 런웨이(Runway) 등의 생성형 AI 기반 시각화 도구는 학생의 상상 속 이미지를 실제 이미지로 변환해 준다. 이는 그림 그리기에 서툰 학생에게도 자기 표현의 기회를 열어 주며, 추상적인 사고를 구체적 형태로 구조화하도록 도와준다. 또한 텍스트 기반 AI 챗GPT, 클로드(Claude), 제미나이(Gemini) 등은 학생의 아이디어를 정리하고, 글쓰기의 흐름을 잡는 데 실질적인 도움을 줄 수 있다. 초등학생이 자기 소개 글을 쓸 때, 자신의 핵심 내용을 정리한 후 AI에게 글을 구성해 보도록 요청하면, 다양한 문체와 어휘를 참고할 수 있다. 이처럼 AI는 학생의 표현 능력을 확장하고 언어 장벽을 낮춰 주는 도구로 작동한다.

AI는 정해진 교과서 외에도 학생 개인의 수준, 흥미, 이해 정도에 따라 다양한 학습 자료를 제시할 수 있다. 특히 추천 알고리즘이나 질문 응답형 AI 도구는 학습자가 특정 주제에 대해 더 깊이 탐구하고 싶을 때 관련 콘텐츠를 선별하고 제공해 준다. 또한 AI는 복잡한 개념이나 용어를 초등학생의 수준에 맞게 재구성해 설명할 수 있어, 난이도가 조절된 학습 콘텐츠를 제공하는 디지털 조력자 역할을 수행한다.

AI는 학생의 창작 활동을 위한 동반자로도 기능한다. 수노(Suno), 비토벤(Beatoven) 등의 음악 생성 AI, 스토리버드(Storybird), 챗GPT 등의 이야기 생성 도구, 픽토리(Pictory), 캔바(Canva) 등의 영상 편집 AI, 그리고 코파일럿(Copilot), 제미나이 포 코드(Gemini for Code) 등의 프로그래밍 보조 AI는 학생이 아이디어를 실현하고 구체화하는 과정에서 필요한 기능적 지원을 제공한다. 예를 들어 학생이 학교 환경 보호 캠페인을 위한 영상을 만들고자 할 때, AI는 대본 작성, 이미지 생성, 음성 녹음, 영상 편집까지 도와 줄 수 있다. 이는 창작 활동의 장벽을 낮춰 줄 뿐만 아니라, 아이디어 구상에서 완성까지의 전체 과정을 경험할 수 있는 프로젝트 기반 학습을 가능하게 만든다.

AI는 복잡한 문제 상황에서 사고를 돕는 도구로도 활용될 수 있으며, 때로는 학생이 놓치고 있던 변수나 논리의 비약을 지적하거나 새로운 관점을 제시함으로써 학생의 사고의 폭을 넓혀 준다. 이는 교사가 모든 학생의 사고 흐름을 일일이 피드백하기 어려운 상황에서 보조적인 피드백 도구로 매우 유용하게 기능한다.

그러나 AI를 단순한 도구로만 사용할 때 발생할 수 있는 문제점도 간과해서는 안 된다. AI가 제공하는 정보가 항상 정확하거나 공정한 것은 아니라는 점을 고려해 학생이 AI가 제공한 결과를 무비판적으로 수용하지 않고, 출처와 타당성을 검토할 수 있는 비판적 디지털 소양이 필수적이다. 또한 도구의 자동화 기능이 학생의 사고를 대체하게 될 위험도 존재한다. 예를 들어 글쓰기 과정에서 AI가 제시하는 표현을 그대로 사용하는 경우, 학생 고유의 언어 사용력이나 창의적 구성력이 약화될 수 있다. 그러므로 AI는 사고를 촉진하는 보조 수단이어야지, 사고를 대체하는 편의 수단이 되어서는 안 된다. 아울러 AI 도구 활용의 윤리성도 고려해야 한다. 저작권, 프라이버시, 허위 정보 생성 등은 AI 도구 사용 시 반드시 함께 교육해야 할 주제다. 이를 통해 AI를 책임 있게 사용하는 디지털 시민으로 성장할 수 있다

도구로서 AI를 활용하는 관점은 단순히 교과 외적인 기능적 보조에 머물지 않고, 학생의 사고, 표현, 창작, 탐색, 문제 해결을 촉진하는 도구로서 교육적 가치를 지닌다. 이는 테일러가 주장했던 '사고를 위한 도구(Thinking Tool)'라는 개념을 오늘날 인공지능 환경에서 더욱 정교하게 확장한 사례라 할 수 있다. 다만 AI 도구의 편리함 속에서 사고의 깊이와 윤리적 성찰이 약화되지 않도록, 교사는 안내자이자 사고 촉진자의 역할을 계속 수행해야 한다. 초등교육에서 AI는 단지 '사용하는 것'이 아니라, '생각을 확장하는 도구'로 자리매김해야 하며, 이를 위해 체계적이고 철학적인 접근이 함께 이루어져야 한다.

학교 안의 AI 실천과 확장 가능성

'학교 안의 AI(AI in the School)'라는 프레임은 초등교육에서 인공지능이 어떤 방식으로 실질적인 학습의 변화와 확장을 이끌 수 있는지를 구조적으로 설명해 주는 틀이다. 이 프레임을 통해 우리는 AI가 학교 현장에서 수행할 수 있는 역할을 교육적 관점에서 정교하게 이해할 수 있

으며, 학생 중심 교육의 방향성과 기술 통합의 실천 전략을 함께 모색할 수 있다.

AI가 튜터로서 작동할 때, 그것은 개별 학습자의 수준과 속도에 맞춘 맞춤형 피드백을 제공하고, 학습자의 학습 여정을 실시간으로 지원하는 '지능적 조력자'로 기능한다. 이는 특히 학습의 다양성이 강조되는 초등교육에서 학습 격차를 줄이고, 개별화 교육의 실현 가능성을 높이는 데 큰 기여를 한다. 다만 교사의 판단과 정서적 역할을 대체하는 것이 아니라 협력적 교수자로 위치를 명확히 설정하는 것이 중요하다. AI가 도구로 활용될 때, 학습자는 자신의 사고를 구체화하고 표현하며, 창의적 문제 해결을 위한 자원을 능동적으로 탐색하게 된다. 이때 AI는 사고를 자극하고 아이디어를 시각화하며, 복잡한 개념을 단순화하는 인지적 촉진제로 기능한다. 특히 초등학생처럼 다양한 표현 양식을 통해 의미를 구성하고자 하는 학습자에게 AI는 언어, 시각, 청각 등 다양한 통로를 제공하는 모두를 위한 사고의 도구로 활용이 가능하다. AI가 튜티로 작동하는 환경은 학습자의 주도성을 강조하며, AI를 훈련하는 과정에서 사고의 구조화, 메타인지, 윤리적 성찰 등의 고차 사고가 자연스럽게 유도된다. 이는 시모어 페퍼트의 구성주의 철학을 AI 시대에 맞춰 확장한 실천적 형태이며, 학생이 AI를 학습시키며 자기 자신도 다시 배우는 역설적이지만 본질적인 학습의 전환을 경험하게 된다.

이러한 AI의 세 가지 역할은 각각 독립된 범주로 존재하는 것이 아니라 실제 교육 현장에서 복합적이고 유기적으로 결합되어 나타난다. 예컨대, 한 수업에서 학생은 AI 튜터로부터 피드백을 받고, 그 내용을 토대로 AI 도구를 활용해 문제를 탐색하며, 마지막에는 자신만의 AI 모델을 훈련하는 활동에 참여할 수 있다. 이러한 학습 경험은 AI를 단순한 기술이 아니라 사고의 확장자, 탐색의 동반자, 성찰의 촉진자로 바라보게 만들며, 학생은 지식의 수동적 수용자가 아닌 능동적 생성자, 책임 있는 디지털 시민으로 성장해 간다.

'학교 안의 AI'라는 패러다임은 기술의 발전 그 자체보다도 교육이 어떻게 변화해야 하는지를 묻는 철학적 물음이다. 교사는 AI와 함께 사고를 촉진하는 설계자이자, 윤리적 판단을 이끄는 안내자가 되어야 하며, 학생은 AI를 활용해 자신의 사고를 확장하고, 세상과 소통하며, 새로운 가치를 창출하는 주체로 성장해야 한다. AI는 초등학교 교실에서 단지 '사용되는' 기술이 아니라, 함께 '배우는' 존재로, 사고의 파트너로, 그리고 교육 혁신의 실천적 가능성으로 자리매김해야 한다.

참고문헌

Holmes, W., et al.(2019). *Artificial intelligence in education: Promises and implications for teaching and learning.* Boston, MA: Center for Curriculum Redesign.

Long, D., & Magerko, B.(2020). What is AI literacy? Competencies and design considerations. Proceedings of the 2020 CHI Conference on Human Factors in Computing Systems, 1–16. https://doi.org/10.1145/3313831.3376727

Luckin, R., et al.(2016). *Intelligence unleashed: An argument for AI in education.* Pearson.

Taylor, R.(1980). *The computer in the school: Tutor, tool, tutee.* Teachers College Press.

Tuomi, I.(2018). The impact of artificial intelligence on learning, teaching, and education. European Commission JRC Science for Policy Report.

08
AI와 초등교사의 역할 변화

교사는 기술을 '활용할 줄 아는 사람'이 아니라 기술의 의미를 교육적으로 해석하고 재구성하는 교육의 철학자로 자리매김해야 한다. AI가 제시하는 답변을 비판적으로 검토하고, 그것이 교육적 맥락에서 어떤 함의를 지니는지를 고민하며, 학생이 그 기술과 어떻게 관계 맺고 배워 나갈지를 설계할 수 있어야 한다. 이처럼 교사는 기술의 사용자이자 해석자이며, 실천하는 교육적 사유의 주체로 역할이 요구된다.

AI와 인재 채용?

AI 시대, 교육의 중심은 여전히 교사다.

AI 기술의 비약적인 발전은 단순히 새로운 도구를 교실에 도입하는 기술적 변화에 그치지 않는다. 오히려 그것은 교육의 목적과 방식, 그리고 교사의 존재 방식 자체에 대한 근본적인 성찰을 요구한다. AI가 교육 현장에 깊숙이 들어와 지식을 제공하고 문제를 분석하며 개별화된 피드백을 줄 수 있게 된 시대에, 교사의 역할에 대한 질문은 있는 가장 본질적인 물음이기도 하다.

AI는 초등학교 교실에서 개별 학습자에 맞춘 학습 자료를 추천하고, 학습 이력을 분석해 반복 학습을 유도하며, 실시간 피드백을 제공하는 등 학습을 지원하는 유용한 도구로 활용될 수 있다. 하지만 이러한 기술이 교사의 역할을 대체할 수는 없다. 학생의 학습과 성장에는 단지 정보를 제공하는 기능 이상의 것, 즉 '사람 대 사람의 만남'이 필요하다. 교사는 학생의 정서와 맥락을 이해하고, 학습 상황 속에 존재하는 복잡한 감정과 태도를 인식하며, 개개인의 발달을 섬세하게 이끄는 존재다. 이는 AI가 따라잡을 수 없는 인간 고유의 교육적 감각이자 교사의 존재 이유다.

이제 교사는 기술을 '활용할 줄 아는 사람'이 아니라 기술의 의미를 교육적으로 해석하고 재구성하는 교육의 철학자로 자리매김해야 한다. AI가 제시하는 답변을 비판적 검토 없이 수용하지 않고, 그것이 교육적 맥락에서 어떤 함의를 지니는지를 고민하며, 학생이 그 기술과 어떻게 관계 맺고 배워 나갈지를 설계할 수 있어야 한다. 이처럼 교사는 기술의 사용자이자 해석자이며, 실천하는 교육적 사유의 주체로 역할이 요구된다.

특히 초등교육 현장은 AI 기술이 개발되어 활용되기 전부터도 교사의 인간적 역할이 가장 중요하게 작동해 온 공간이다. 초등학교는 학생들이 처음으로 공동체와 만나는 장소이며, 학생은 학습 그 자체보다도 배움의 태도, 공동체적 관계, 자신에 대한 신뢰와 같은 인간적 기반을 형성하는 시기다. 이 시기의 학생들에게 교사는 단지 수업을 이끌어 가는 교수·학습 전문가의 역할뿐만 아니라 어린 학생에게 삶의 방향을 제시하는 존재이자 정서적 동반자이며, 성장의 모델이다. AI는 이 역할을 대신할 수 없으며, 오히려 교사의 고유한 역할을 더욱 선명하게 드러내는 계기가 되고 있다.

AI 시대의 교사의 강조되는 역할

AI 기술이 학교 교육에 점차 통합되면서, 교사의 역할 역시 변화를 요구받고 있다. 그 변화는 단지 새로운 도구를 사용하는 능력을 익히는 데 그치지 않는다. 오히려 교실의 구조와 수업의 본질을 재구성하고, 교사와 학생 간의 관계, 그리고 교사가 지닌 교육적 정체성 전반을 다시 묻는 교육의 패러다임 전환과 맞닿아 있다.

과거의 지식 중심 사회에서 지식을 전달하고 이를 재현하는 구조 속에서 역할이 수행되었다면, 이제 학교는 정보의 유일한 원천이 아니라는 점에서 역할의 변화를 요청받고 있다. AI는 개별 학생의 수준을 실시간으로 분석하고, 이에 맞는 콘텐츠를 제공할 수 있을 만큼 정교한 기술로 발전했다. 이러한 환경 속에서 교사는 학생이 스스로 배움을 탐색하고 확장해 나갈 수 있도록 유도하는 학습 촉진자로 전환되어야 함을 고려해야 한다(Nagarajan, 2023). 이는 단지 사회적 변화에 따른 역할의 변화를 요구받는 것이 아니라, 학생의 주도성과 탐구성을 끌어내기 위한 전략적 사고와 실천이 요구되는 교육 전문가로서 성장에 대한 지점이다.

교사는 학습자의 흥미와 동기를 유발하고, 다양한 학습 경로를 제시하며, 필요할 때 정서적 지지와 격려를 아끼지 않는 인지적 · 정의적 촉진자로서 전문성을 강화해야 한다. 특히 초등학생과 같이 자율성이 완전히 형성되지 않은 시기에는 교사가 제시하는 언어적 피드백,

비언어적 반응, 수업의 구조화 방식 하나하나가 학생의 학습 태도 형성과 직결되므로, 이 과정에서 교사의 정서적 민감성과 관계 중심 교육의 중요성은 더욱 부각된다(Roorda et al., 2011; Pianta and Hamre, 2009).

AI 기반의 학습 분석 시스템은 학습자의 성취 수준, 이해도, 참여 패턴 등의 데이터를 교사에게 실시간으로 제공한다. 이는 수업의 효율을 높이기 위한 자료인 동시에 학습자의 사고 흐름과 학습 동기의 변화까지 읽어 내는 정교한 교육적 도구가 될 수 있다(Huang et al., 2021; Ayeni et al., 2024). 따라서 데이터를 분석하여 개별 학생의 학습 맥락을 이해하고, 이를 바탕으로 학습자 중심의 수업 구조를 재구성하는 전문성을 발휘하는 학습 설계자(instructional designer)로서의 역할을 고려해 볼 수 있는 시점이다(Li et al, 2025; Khor and Mutthulakshmi, 2024; Nazaretsky et al, 2021).

특히 초등학생의 발달 특성과 관심사를 반영한 수업은 학습의 몰입과 지속성을 결정짓는 중요한 요소이며, AI가 할 수 없는 이 부분을 창의적 설계로 채우는 것은 교사의 중요한 역할 중 하나다. 따라서 교사는 AI가 제공하는 자료의 의미를 일방적으로 수용하기보다 데이터를 재해석하고 교육적 상황에 맞게 전환하는 능력을 통해 수업을 창의적으로 구성해 나갈 수 있는 중요한 역할이 요구되고 있다(Gibson, 2023).

교육 평가에서 AI를 활용하는 것은 평가의 자동화를 가능하게 함으로써 교사의 업무 부담을 줄이는 데 기여할 수 있다. 특히 객관식 중심의 형식적 평가는 AI가 빠르고 정확하게 수행할 수 있으며, 이는 반복적인 채점 업무에서 교사의 부담을 줄이는 긍정적 효과를 낳는다(Yuna et al., 2025). 한편, 학습자의 사고 과정이나 감정 상태 또는 오류의 원인을 파악하고 그에 대한 섬세한 피드백을 제공하는 일은 여전히 AI가 대체할 수 없는 교사의 고유한 역량이다(Liu et al., 2025). 초등학생은 정답을 맞히는 것보다, 틀렸을 때 어떻게 다시 도전하느냐에 따라 학습의 방향이 달라진다. 교사는 실수에서 가능성을 발견하고, 아이의 눈높이에 맞는 피드백을 제공하며, 한 문장, 한 표정, 한 번의 격려로 아이의 자존감과 학습 의지를 북돋는 역할을 수행하고 있다. 이는 기술로는 대체할 수 없는 정서적 상호작용이며, 교사와 학생 사이에 형성되는 신뢰의 기반이다. 결국 AI는 교사의 역할을 축소시키는 것이 아니라 오히려 교사의 전문성과 철학을 더욱 강조하게 만드는 촉진제 역할을 하고 있다(Torres, 2025; Chan and Tsi, 2023).

AI 시대 초등교사에게 요구되는 역량

교육 환경에서 AI의 도입은 교육의 목적과 실천을 근본적으로 재정의하게 만드는 전환점으로 작용하고 있다. 특히 초등교육에서 AI의 영향력은 학습 환경의 구조뿐만 아니라 교사의 역할과 역량에 대한 변화를 요청받고 있다. 디지털 대전환의 시대에 새로운 기술로 도입되고 있는 AI의 작동 원리를 이해하고, 그 의미를 교육적으로 재구성하며, 기술과 인간 사이의 경계에서 윤리적·철학적 판단을 수행하는 교육적 역량을 갖추는 것이 필요하다.

첫째, AI 리터러시에 대한 역량을 갖추어야 한다. AI 리터러시는 단순한 기술 사용 능력이 아니라, AI가 작동하는 원리와 구조에 대한 이해, 알고리즘과 데이터의 상호작용 방식에 대한 분석, 그리고 AI가 제안하는 정보의 신뢰성과 한계를 비판적으로 사고할 수 있는 통합적 능력을 포함한다. 롱과 마제코(Long & Magerko, 2020)는 AI 리터러시를 "AI 시스템을 이해하고 평가하고 책임 있게 사용할 수 있는 능력"으로 정의하며, 이는 기술적 지식뿐만 아니라 기술의 사회문화적 맥락에 대한 성찰을 포함하는 것으로 본다.

둘째, 학습 데이터 해석 및 분석 능력이 요구된다. AI 기반 교육 환경에서는 학습자의 참여, 반응, 성취가 데이터로 기록되고 분석된다. 이에 따라 교사는 이 데이터를 단순한 수치나 평가 결과로 수용하는 것이 아니라, 학습자의 맥락 속에서 해석하고, 교육적으로 의미 있는 방식으로 수업 전략을 재구성할 수 있는 전문성을 갖추어야 한다. 미국 교육부는 AI 시스템이 실시간 피드백과 학습 분석 기능을 제공하더라도, 교사가 데이터를 비판적으로 해석하고 교육적 판단을 통해 수업을 조정할 수 있을 때 비로소 AI의 교육적 가치가 실현된다고 설명한다(U. S. Department of Education, 2023). 즉, 데이터 해석 능력은 AI 기반 교육에서 교사의 의사 결정 능력과 직결되는 핵심 역량이다.

셋째, 융합적 사고 기반의 창의적 수업 설계 역량이 필요하다. AI는 전통적인 교과 경계를 허물고, 디지털 및 인공지능 기반의 융합적 접근을 촉진하는 데 도움을 줄 수 있다. 문제 해결에 요구되는 데이터를 수집하고 분석해 문제 중심 프로젝트 활동을 수행할 수 있으며, 교사는 통합적 관점을 기반으로 AI를 활용한 문제 중심 학습이나 프로젝트 기반 수업을 설계할 수 있는 창의성과 기획 능력을 갖출 수 있다. 투오미(Tuomi, 2018)는 AI를 통해 학생의 사고 확장과 창의적 탐구를 지원하려면 교사가 기술을 비판적으로 이해할 뿐 아니라 그것을 교육 목적에 맞게 재구성하는 능력을 갖춰야 하며 학습 경험을 설계하는 역량이 필요하다고 강조했다.

넷째, 디지털 윤리와 비판적 성찰 능력이 필요하다. AI의 판단은 항상 중립적이지 않으며, 훈련된 데이터에 따라 편향이나 불완전성을 내포할 수 있다. 따라서 AI를 활용하는 교사는 이러한 기술의 한계를 이해하고, 기술 활용 과정에서 발생할 수 있는 정보의 왜곡, 개인정보 침해, 불공정한 알고리즘 처리 등에 대한 윤리적 민감성을 가져야 한다. OECD(2021)는 AI 기반 교육 환경에서 교사의 윤리적 중재 능력이 더욱 중요해지고 있으며, 이는 디지털 시민성과도 깊이 연결되어 있다고 강조한다.

다섯째, 교육철학과 메타인식 기반의 실천 역량이 요구된다. AI가 교실에서 어떠한 방식으로 작동하고, 어떠한 형태의 학습을 유도하며, 그것이 학생의 사고방식과 정체성 형성에 어떤 영향을 주는지를 성찰하는 메타인식적 사고가 교사에게 요구된다. UNESCO(2022)의 AI 교육 프레임워크에서 제시하는 내용을 통해, 교사에게 AI를 둘러싼 문화적, 윤리적, 교육적 함의를 깊이 이해하고 반영하는 비판적 실천자로서의 역량이 필요함을 살펴볼 수 있다.

초등교사의 전문성 강화 방안

인공지능 시대의 초등교사에게 요구되는 전문성은 단순히 새로운 기술을 사용하는 기능적 역량에 머무르지 않는다. 인공지능과 디지털 기술을 교육적으로 재해석하고, 학생의 삶과 연결된 의미 있는 학습 경험을 설계하며, 윤리적이고 책임 있는 디지털 시민성을 함양할 수 있는 통찰력과 실천력을 포함하는 총체적 교육 역량이 필요하다.

이에 따라 예비교사 교육의 구조화가 필요하며, 교원양성 기관에서 제공하는 교육과정이 도구적 관점의 인공지능 기술의 활용에 초점을 맞춘 접근에서 벗어나 컴퓨터 과학과 교육학의 융합적 관점을 반영한 컴퓨팅사고력 기반의 통합적 구조로 설계되어야 한다. 이는 단편적인 도구 활용 능력만을 키우는 데서 그치지 않고, AI 기술의 윤리적 문제, 사회적 영향, 교육적 가능성 등을 포괄적으로 성찰할 수 있는 기반을 마련하는 방향으로 나아가야 함을 의미한다. 특히 실습 기반의 체험 중심 교육은 예비교사의 자기 효능감을 높이는 데 중요한 역할을 한다. 예를 들어 블록 코딩을 활용한 인공지능 시뮬레이션, 센서보드를 활용한 피지컬 컴퓨팅, 간단한 기계학습 모델 구축 실습 등은 예비교사로 하여금 AI를 추상적인 기술이 아니라 학습 도구이자 창의적 매개체로 인식하게 만든다. 이러한 과정은 교사 스스로가 학습자의 입장에서 사고하게 하고, AI와의 협업 가능성을 탐색하게 하며, 미래형 수업을 상상하고 설계할 수 있는 기반이 된다. 또한 예비교사 교육과정은 교육철학, 수업 설계, 평가 관점까지 AI 활용 교육과 연결지어 구성되어야 하며, 교과 간 융합 교육, 프로젝트 기반 학습, AI 윤리 교육 등을 중심으로 한 교육 실천 사례의 탐색과 비판적 분석이 포함되어야 한다. 이처럼 통합적이고 구조화된 예비교사 교육은 향후 학교 현장에서 인공지능을 교육적으로 재구성하고 활용할 수 있는 교사 전문성의 핵심 토대를 제공한다.

현직 교사를 위한 연수 역시 단기적이고 도구 중심의 강의식 전달 방식에서 벗어나, 지속 가능한 전문성 함양을 위한 학습 공동체 중심의 협력적 모델로 전환되어야 한다. 특히 최신 인공지능 기술을 접해 보지 못한 교사일수록 도구의 기능보다는 수업 속에서의 실제 적용에 대한 두려움과 심리적 부담을 느낄 가능성이 크다. 이를 해소하기 위해서는 교사 간 공동 수업 설계, 실천 사례 공유, 성찰 중심 활동을 포함한 질적인 역량을 강화하기 위한 연수가 요구된다. 이를 통해 교사들은 자신이 가르치는 교과의 문맥 속에서 AI를 어떻게 통합할 수 있을지를 탐색하고, 수업과 평가 설계 능력을 함께 고도화할 수 있어야 한다. 이는 개별적 학습보다는 동료 교사와 상호작용을 기반으로 한 전문적 학습 공동체(Professional Learning Community, PLC) 형태로 운영될 때 더욱 효과적이다. 또한 지역 또는 교육지원청 단위에서 AI 교육 교사 네트워크를 구축하는 것도 중요하다. 이 네트워크는 연수 이후에도 지속적인 소통과 자료 공유, 공동 연구 및 실천을 가능하게 해 교사의 지속 가능한 성장과 자발적 역량 강화를 뒷받침한다. 결국, AI 시대의 교사 연수는 기술을 배우는 것에서 그치는 것이 아니라 교사의 전문성과 교육철학을 재정립하는 과정이어야 하며, 학교 교육의 혁신을 실현하는 가장 중요한 기반이 된다.

AI를 활용한 수업 전략

AI가 학교 교육 현장에 본격적으로 도입되면서, 교실에서의 수업 방식 역시 전환을 맞이하고 있다. 특히 초등학교는 다양한 발달 수준을 지닌 학습자가 공존하는 공간이다. 이와 같은 환경에서 AI는 교사의 역할을 보완하고, 더 섬세하고 유연한 수업 설계를 가능하게 하는 도구로 활용을 검토할 수 있다.

초등학교는 학습 격차가 비교적 크게 드러나는 시기

로, 모든 학생에게 동일한 수업 내용을 일괄적으로 적용하는 방식은 효과적인 학습을 보장하기 어렵다. 따라서 학습자의 수준과 특성에 따라 개별화된 학습을 설계하고 실행하는 것이 매우 중요하다. 이러한 맥락에서 AI 기반 학습 분석 시스템은 교사에게 강력한 지원 도구가 된다. AI는 학생의 정답률, 반응 시간, 오답 유형, 활동 패턴 등의 데이터를 실시간으로 수집하고 분석함으로써 학생의 이해도, 오개념, 학습 속도에 대한 정밀한 진단을 가능하게 한다. 교사는 수집된 데이터를 바탕으로 학생 개개인에게 적절한 난이도의 콘텐츠를 제공하거나, 학습 목표에 따라 피드백 전략을 조정할 수 있다. 또한 학습 수준이 유사한 학생들을 그룹화하거나, 특정 개념에 어려움을 겪는 학생을 중심으로 보충 학습을 설계하는 등 데이터 기반의 수업 조직과 교수 전략 수립이 가능해진다. 이러한 접근은 교사가 학습자 한 명 한 명에게 맞춤형 지도를 실현하는 데에 효과적인 기반이 된다.

AI는 학생이 스스로 학습의 흐름을 조절하고 질문하며 반복 학습을 설계할 수 있는 여지를 제공할 수 있다는 점에서 학생의 자기주도성을 촉진하는 데에도 잠재력을 지닌다. 예를 들어 학생은 AI 챗봇과 대화를 통해 개념을 확인하거나, 스스로 만든 질문에 답을 찾는 과정을 통해 사고를 확장할 수 있다. 영어 발음 교정 앱이나 말하기 인식 기반 피드백 도구는 학생의 말하기 능력을 실시간으로 분석하고 개선점을 제시함으로써, 반복적 연습과 자기 점검의 기회를 제공한다. 교사는 이러한 자기주도 학습 환경을 허용하면서 AI 도구 사용에 대한 가이드라인을 제공하고, 학생의 학습 진행 상황을 점검하며, 목표 지향적인 피드백을 통해 학습 동기를 유지하도록 도와야 한다. 이러한 활동을 통해 자기주도성과 비판적 사고를 동시에 함양하는 교육 전략으로 활용 가능하다.

AI를 활용한 수업 전략은 학습자의 주도성과 창의성을 확장하고 교사의 전문성을 심화하는 교육적 전환의 실천 모델이라 할 수 있다. 그러나 AI는 수업을 지원하는 도구이며, 그 도구를 통해 무엇을 가르치고 어떻게 학습을 구성할 것인지는 여전히 교사의 철학과 역량에 달려 있다. 그러므로 AI 활용 수업은 기술에 의존해 학습자가 수행해야 할 역할을 의존적으로 맡기는 형태의 수업이 아니라 사람 중심의 교육을 실현하기 위한 수단으로, 학습자 중심의 주도성을 높이는 형태로 고려되어야 한다.

AI 시대 교육의 미래

교육에서 AI의 등장은 도구의 진보를 넘어 인간과 기술,

교육과 기술의 관계를 새롭게 구성하는 패러다임의 전환을 예고하고 있다. 특히 초등교육 영역에서 AI는 개별 학습자에게 맞춤형 피드백을 제공하고, 학습 경로를 지원하며, 정보 접근의 문턱을 낮추는 데 도움을 주는 역할을 수행하고 있다. 그러나 이러한 기술의 진보는 교사의 역할을 대체하는 것이 아니라 오히려 교사의 고유성과 전문성을 더욱 선명하게 드러내는 계기가 된다.

AI는 정답을 빠르게 제시하고, 학습 데이터를 분석하며, 반복 학습을 지원하는 데 탁월하지만, 학생의 감정을 읽고, 문제 해결의 가능성을 발견하며, 공동체 속에서 살아갈 시민으로 성장할 수 있도록 이끄는 일은 오직 교사만이 할 수 있다. 교사는 학생의 맥락과 정서를 이해하고, 학습 너머의 성장과 관계를 설계하는 인간 중심의 존재다. 따라서 AI 시대의 초등교사는 학습 촉진자, 수업 설계자, 정서적 동반자, 교육철학자로서 정체성을 새롭게 구축해야 한다.

궁극적으로 AI 시대의 교육은 '기술을 얼마나 잘 활용하느냐'의 문제가 아니라, '기술을 어떻게 인간답게 사용할 것인가'라는 질문에서 시작해야 한다. 그리고 이 질문에 가장 깊이 있게 답할 수 있는 존재가 바로 교사다. AI가 많은 정보를 생성하고 제공할 수 있는 시대일수록, 교육은 지식을 넘어 삶의 방향을 안내하는 과정이 되어야 하며, 교사는 그 여정의 중심에서 아이들과 함께 걸어가는 동반자이자 안내자가 되어야 한다. AI 시대, 교육의 미래를 여는 열쇠는 결국 교사의 손에 쥐어져 있다.

참고문헌

Ayeni, O. O., et al.(2024). AI in education: A review of personalized learning and educational technology. *GSC Advanced Research and Reviews*, 18(2), 261–271.

Chan, C. K. Y., & Tsi, L. H.(2023). The AI revolution in education: will AI replace or assist teachers in higher education?. arXiv preprint arXiv:2305.01185.

Gibson, R.(2023). 10 Ways Artificial Intelligence Is Transforming Instructional Design. EDUCAUSE Review.

Holstein, K., & Aleven, V.(2021). Designing for human-AI complementarity in K-12 education. arXiv.

Huang, J., et al.(2021). A review on artificial intelligence in education. *Academic Journal of Interdisciplinary Studies*, 10(3).

Khor, E. T., & Mutthulakshmi, K.(2024). A systematic review of the role of learning analytics in supporting personalized learning. *Education Sciences*, 14(1), 51. https://doi.org/10.3390/educsci14010051

Li, Q., et al.(2025). How instructors use learning analytics: The pivotal role of pedagogy. *Journal of Computing in Higher Education*.

Liu, A., et al.(2025). Implementation Considerations for Automated AI Grading of Student Work. arXiv preprint arXiv:2506.07955.

Long, D., & Magerko, B.(2020). What is AI literacy? Competencies and design considerations. Proceedings of the 2020 CHI Conference on Human Factors in Computing Systems, 1-16. https://doi.org/10.1145/3313831.3376727

Mandernach, J.(2023). *Redefining Education: Embracing Human Connection in the AI Era*. Education Technology Insights.

Nagarajan, P.(2023). *AI in Education: Reimagining the Role of Teachers*. Integra NXT.

Nazaretsky, T., et al.(2021). Empowering teachers with AI: Co-designing a learning analytics tool for personalized instruction in the science classroom. Educational Technology Research and Development.

Oh, S.-y., & Ahn, Y.(2024). Exploring Teachers' Perception of Artificial Intelligence: The Socio-emotional Deficiency as Opportunities and Challenges in Human-AI Complementarity in K-12 Education. arXiv.

Perkel, S.(2025.6). Khan Academy CEO predicts AI in the classroom will be like 5 'amazing graduate students' assisting teachers. Business Insider.

Pianta, R. C., & Hamre, B. K.(2009). Conceptualization, measurement, and improvement of classroom processes: Standardized observation can leverage capacity. *Educational Researcher*, 38(2), 109-119.

Roorda, D. L., et al.(2011). The influence of affective teacher–student relationships on students' school engagement and achievement: A meta-analytic approach. *Review of Educational Research*, 81(4), 493-529.

Torres, A.(2025). Artificial intelligence guardrails must be established in higher education classrooms. San Antonio Express-News.

U. S. Department of Education(2023). Artificial Intelligence and the Future of Teaching and Learning: Insights and Recommendations. https://www.ed.gov/sites/ed/files/documents/ai-report/ai-report.pdf

Walter, A., & Stevens, J. B.(2024.5.8). Celebrating Teachers in the Age of AI: Why Human Connection Matters More Than Ever. NC State University.

Yuna, J., et al.(2025). The Role of The Teacher as A Facilitator in Project-Based Learning With AI Support. *Al-Hijr: Journal of Adulearn World*, 4(1), 36-46.

09
AI 교육을 위한 학교와 가정의 협력

아이들의 삶에서 중요한 학습의 장은 학교 안에서만 형성되는 것이 아니라 가정이라는 친숙한 공간 속에서, 부모와의 상호작용을 통해 끊임없이 확장된다. 그렇기에 AI 교육 또한 학교라는 제도적 틀 안에만 국한될 수 없다. 오히려 AI 교육은 학교와 가정의 긴밀한 협력 속에서, 일상 속에서 살아 있는 교육으로 구현되어야 한다.

AI와 기자?

AI 교육, 가정과 함께하는 학교 교육의 시대

AI 시대의 교육은 더 이상 교실이라는 공간에만 갇혀 있지 않다. 학습의 시간과 공간은 유연해지고 있으며, 배움은 일상의 순간 곳곳으로 스며들고 있다. 특히 초등학생에게 이러한 변화는 더욱 뚜렷하다. 아이들의 삶에서 중요한 학습의 장은 학교 안에서만 형성되는 것이 아니라 가정이라는 친숙한 공간 속에서, 부모와의 상호작용을 통해 끊임없이 확장된다. 그렇기에 AI 교육 또한 학교라는 제도적 틀 안에만 국한될 수 없다. 오히려 AI 교육은 학교와 가정의 긴밀한 협력 속에서, 일상 속에서 살아 있는 교육으로 구현되어야 한다.

학부모는 이제 단순한 교육의 외부 지원자가 아니라 자녀의 학습을 함께 기획하고 참여하는 공동 설계자이자 안내자의 역할을 요청받는다. 그러나 학부모가 이러한 역할을 효과적으로 수행하기 위해서는 AI와 디지털 기술에 대한 기본적인 이해, 그리고 교육적 감수성을 바탕으로 한 디지털 소양이 필요하다. 따라서 이 장에서는 AI 교육의 효과를 극대화하기 위해 학교와 가정이 어떻게 협력할 수 있는지를 다각도에서 살펴보고자 한다. 특히 학부모의 디지털 소양 강화 방안을 중심으로, 학교-가정 연계 수업 설계, 실천 가능한 학습 활동과 프로젝트, 그리고 이러한 생태계를 뒷받침하는 학교의 역할을 구체적으로 제시한다.

학교-가정 협력의 필요성과 방향

AI 시대의 교육은 교실에서 이루어지는 정규 수업만으로 충분하지 않다. 특히 초등학생의 AI 학습은 기술적인 이해만이 아니라 그 기술이 작동하는 방식과 사회 속에서의 의미를 스스로 성찰하고 응용할 수 있는 실천적 소양을 요구한다. 이는 교과서 중심의 수업만으로는 도달하기 어려운 역량이며, 오히려 일상 속에서의 경험, 그리고 가정과 지역 사회에서의 자발적 탐색과 실천을 통해 더욱 깊고 넓게 형성될 수 있다. 초등학생은 자기주도적 학습 역량이 아직 초기 단계에 있으며, 이 시기 학습 동기의 많은 부분은 부모의 관심과 격려, 상호작용을 통해 형성된다. 학부모가 자녀의 AI 학습에 대해 지속적인 관심을 갖고 대화를 나누며 긍정적인 피드백을 제공할 때, 아이는 단순히 기술을 사용하는 데 그치지 않고, 그것이 사회 속에서 어떤 역할을 하며 자신과 어떤 관계를 맺는지를 비판적으로 사고하게 된다. 이는 AI 시대 시민성 교육의 기반이 되며, 학부모가 교육 보조자로 머물지 않고 학습 동반자와 공동 설계자 역할을 해야 함을 살펴볼 수 있다.

이러한 배경에서 학교는 학부모와의 협력을 가정통신문이나 설명회 수준에 그치지 않고, 정기적이고 구조적인 소통을 통해 교육의 공동체를 형성해 나가야 한다. 이를 위해 학교는 교육과정 내 AI 교육의 방향과 수업 내용을 명확히 설명하고, 학부모가 자녀의 학습을 적극적으로 지원할 수 있도록 실천 가능한 가정용 활동 자료, 학습 활동에서 활용할 수 있는 AI 도구 안내, 가정에서의 대화 주제 등을 제공할 필요가 있다. 가정 또한 학교 교육의 철학과 방향을 이해하고, 자녀의 학습을 지지하는 태도를 갖추어야 한다. 숙제를 봐 주는 것에 그치지 않고, 아이와 함께 학습 주제를 토론하거나, AI와 관련된 사회적 이슈에 대해 의견을 나누며, 기술과 인간 삶의 관계에 대해 함께 질문하고 고민할 수 있어야 한다. 이러한 일상적 대화는 아이가 질문하는 힘을 기르는 데 중요한 밑거름이 된다.

무엇보다 중요한 것은, 학교와 가정의 협력의 중심이 학습자에게 있어야 한다는 점이다. 협력의 목적은 학교가 일방적으로 요구하는 참여를 끌어내는 것이 아니라, 학생의 학습 경험을 더욱 풍요롭고 자율적인 방향으로 확장해 주는 것이다. 이를 위해 학교는 교사가 아니라 학습자 중심의 수업을 설계하고, 가정은 그 학습 구조 안에서 아이가 의미 있는 경험을 할 수 있도록 지원하는 실천적 파트너가 되어야 한다. AI 시대의 교육은 더 이상 학교만의 일이 아니며, 가정의 역할은 교육적 조력자를 넘어 능동적 참여자로 확장되어야 한다. 이는 학교 교육의 질적 전환과 함께 가정이라는 일상 공간에서 이루어지는 비형식 학습을 기반으로 삶의 문제를 해결하고 실생활과 연계하는 활동으로 중요성을 고려할 수 있게 한다.

학부모의 디지털 소양 강화 방안

AI 시대의 교육은 학생 개개인의 학습 역량만으로 완성되지 않는다. 특히 초등학생처럼 자율적 학습 역량이 완전하지 않은 시기에는, 학습 환경의 질이 곧 학습의 깊이를 결정짓는다. 이때 가정은 학습이 실천되는 중요한 장소이며, 학부모는 그 학습 환경의 안내자이자 조력자다. 따라서 자녀의 AI 교육을 효과적으로 이끌기 위해서는 학부모 역시 디지털 소양을 갖추고 있어야 한다는 점이 무엇보다 중요하다.

디지털 소양은 단순히 스마트폰이나 태블릿을 조작할 수 있는 능력만을 의미하지 않는다. 그것은 정보에 대한 비판적 수용 태도, 기술 사용에 대한 윤리적 책임, 그리고 디지털 사회의 일원으로서의 시민적 감수성을 포함하는 포괄적인 역량이다. 아이가 AI 기술을 사용하는 과정에서 질문하고 성찰할 수 있도록 이끌기 위해서는, 부모가 먼저 기술의 구조와 사회적 맥락에 대한 기본적인 이해를 갖추고 있어야 한다.

예컨대 아이가 사용하는 학습용 AI 챗봇이 정보를 처리하는 방식과 그 대답이 데이터에 기반해 생성되는 것임을 이해하지 못하면, 아이가 AI의 답변을 절대적인 진리로 받아들이는 위험을 교정해 주기 어렵다. 또한 AI 기반 콘텐츠에서 수집되는 개인정보 보호의 문제나 알고리즘의 편향 가능성 등에 대해 부모가 민감하게 인지하고 있다면, 자녀 역시 기술을 비판적으로 수용하는 태도를 자연스럽게 형성할 수 있다. 결국 학부모의 디지털 소양은 자녀의 AI 리터러시를 확장하는 가장 효과적인 교육 자원이다.

이러한 배경에서 학교는 학부모를 위한 디지털 소양 함양 프로그램을 필수적인 교육 활동의 일부로 편성하고, 다음과 같은 실천적 방안을 통해 학부모의 참여를 끌어내야 한다.

첫째, 학교는 정기적이고 체계적인 학부모 대상 연수 프로그램을 운영해야 한다. 정보 제공식 설명회보다는 학부모가 실제로 AI 도구를 직접 체험하고 자녀의 학습에 어떻게 활용할 수 있는지를 학습하는 실습 중심의 워크숍 형태가 더욱 효과적이다. 예를 들어 'AI 그림 생성 앱 체험', '챗봇과 대화하며 AI 원리 이해하기', '우리 아이에게 유익한 AI 교육 앱 선정하기' 등의 주제는 학부모의 흥미와 몰입을 높이며, 실제적인 교육 참여를 유도하는 데 유익하다.

둘째, 가정에서 자녀와 함께할 수 있는 AI 활동 키트를 제공하는 것도 효과적인 전략이다. 키트에는 이미지 생성, 음성 인식 놀이, 간단한 데이터 수집 및 분류 활동 등 부모와 자녀가 함께 체험할 수 있는 AI 기반 학습 활동이 포함될 수 있다. 이러한 활동은 정보를 전달할 뿐만 아니라 부모와 자녀 간의 디지털 대화를 활성화하고, 함께 성장하는 학습 공동체의 기반을 마련해 준다. 특히 활동지를 통한 대화 유도, 결과물에 대한 질문 안내 등이 포함된다면 부모가 교육자가 되기 위한 심리적 장벽도 낮출 수 있다.

셋째, 학교는 AI 및 디지털 리터러시 관련 정보를 학부모와 정기적으로 공유해야 한다. 이를 위해 학교 뉴스레터나 가정통신문을 활용해 실생활과 연결된 유익한 정보, AI 도구 활용 가이드, 디지털 윤리 관련 사례 등을 제공하는 것이 바람직하다. 예를 들어 '이번 달 추천 AI 학습 도구 TOP 3', '가정에서 실천하는 디지털 윤리 대화법', 'AI 시대 부모를 위한 미디어 감별 체크리스트'와 같은 콘텐츠는 학부모의 정보 격차를 줄이고, 교육 변화의 흐름을 함께 이해하고 실천할 수 있는 기회를 제공한다.

AI 학습의 일상화: 가정에서 실천할 수 있는 활동들

AI 시대의 교육은 특정한 수업 시간에만 국한되어서는 안 되며, 학교의 울타리를 넘어 일상 속에서 자연스럽게 스며드는 학습 환경으로 확장되어야 한다. 특히 초등학생에게 학습의 가장 중요한 무대는 가정이며, 이 공간이 단순한 복습의 장에 머물지 않고 탐구와 창의성, 윤리적 사고가 이루어지는 교육 생태계로 작동할 때 비로소 AI 교육은 살아 있는 실천으로 구현될 수 있다. AI 학습의 일상화를 위해, 가정에서 아이와 함께할 수 있는 구체적인 실천 활동들을 다음과 같이 제안한다.

가정에서의 대화는 아이의 사고 방식과 가치관 형성에 결정적인 영향을 미친다. 따라서 부모는 AI를 주제로 한 열린 대화를 일상적으로 유도함으로써 아이의 인지적 구조를 자극하고, 기술을 바라보는 관점의 깊이를 확장할 수 있다. 예를 들어 "오늘 어떤 AI 도구를 사용해 봤니?",

"스마트 스피커는 어떻게 너의 말을 이해하는 걸까?", "유튜브가 왜 이런 영상을 추천했을까?"와 같은 질문은 아이가 AI의 작동 원리, 알고리즘, 데이터 기반 결정 구조 등에 대해 비판적으로 사고하도록 돕는 역할을 한다. 이러한 디지털 대화는 기술에 대한 맹목적 수용을 방지하고, 가정이 숙제를 감독하는 장소가 아니라 학습 공동체로 기능하도록 전환하는 실천적 전략이다. 특히 정답을 요구하지 않는 열린 질문은 아이가 스스로 사고를 전개할 수 있는 발판이 되며, 부모 역시 AI 교육의 동반자로서 자연스럽게 동참하게 된다.

AI를 교육적으로 의미 있게 경험하기 위해서는, 아이가 직접 기술과 상호작용하며 사고를 확장하는 경험이 필요하다. 이를 위해 가정에서 부모와 함께 실천할 만한 다양한 활동을 설계할 수 있다. 예를 들어 수노(Suno)나 뮤직 LM(Music LM)과 같은 생성형 음악 도구를 활용해 가족 주제곡을 만드는 활동은 AI가 어떻게 학습된 데이터를 기반으로 새로운 결과물을 만들어 내는지를 감각적으로 체험할 수 있는 기회를 제공한다. 또한 스크래치(Scratch)나 티처블 머신(Teachable Machine)을 이용해 간단한 날씨 예보 인공지능 모델을 직접 구성해 보는 과정은 기초적인 AI 모델의 원리를 자연스럽게 익히도록 돕는다. 스크래치의 AI 확장 기능을 사용하면 음성 인식, 텍스트 분석, 이미지 분류 등 다양한 기능을 블록 기반으로 구현할 수 있어 초등학생도 쉽게 접근할 수 있다. 이 도구는 코딩 교육과 AI 원리 체험을 동시에 실현할 수 있는 훌륭한 플랫폼이다. 또한 런웨이(Runway), 캔바(Canva), 구글 토크 투 북스(Talk to Books) 등의 도구는 아이들이 AI를 창작의 도구로 인식하고, 다양한 결과물을 스스로 생성해 볼 수 있도록 유도한다.

아이를 위해 가정의 참여가 동반되어야 한다

AI 시대의 교육은 본질적으로 삶 속에서 문제를 해결하며 실생활과 연계된 문제 해결 역량을 기르는 교육이 필요하다. 배움과 학습은 학교라는 물리적인 공간에서만 이루어지는 것은 아니며, 가정에서 학습하고 친구와 함께 성장하며 사회 속에서 의미를 만들어 낸다. 이러한 총체적 학습은 언제나 학습자가 중심에 있으며, 학습자의 삶 전체와 연결될 수 있는 교육 공동체로서 학습자의 주체성을 존중하고 성장할 수 있도록 추진되어야 한다. 학교는 가정을 교육의 공동 설계자이자 실천의 동반자로 인식해야 하며, 가정은 디지털 문해력과 교육 참여 역량을 길러 자녀와 함께 성장하려는 열린 태도를 가져야 한다. 가정은 과제를 도와주는 장소가 아니라 함께 배우고 질문하며 성장하는 공동 학습의 장이 되어야 한다.

AI 시대의 학교와 가정은 다시 '함께 배우는 관계'로 거듭나야 한다. 교사와 학부모, 학생과 AI, 교실과 가정이 유기적으로 엮인 하나의 교육 생태계를 형성할 때, 우리는 디지털과 인공지능의 새로운 기술의 발전 속에서 길을 잃지 않고, 오히려 인간다움을 더욱 풍부하게 실현할 수 있을 것이다. 아이를 위한 교육은 결국 관계의 회복에서 시작되며, 그 중심에는 늘 아이와 함께 배우려는 어른의 태도가 자리해야 한다. 그것이 AI 시대에 주목해야 할 협력과 공동체로서의 가치이자 의미다.

참고문헌

Afzal, A., et al.(2024). The Role of Parental Digital Literacy in Supporting Online Learning Among Early Grade Students. *Islamic Research Journal*, 2(04), 109-116.

Akter, M., et al.(2022). From parental control to joint family oversight: Can parents and teens manage mobile online safety and privacy as equals? arXiv. https://doi.org/10.48550/arXiv.2204.07749

Cyberwise(2022). Engaging parents in digital literacy: Extending online safety beyond the classroom. Cyberwise Blog.

Dietz Smith, G., et al.(2024.6). ContextQ: Generated Questions to Support Meaningful Parent-Child Dialogue While

Co-Reading. In Proceedings of the 23rd Annual ACM Interaction Design and Children Conference (pp. 408-423).
Druga, S., et al.(2022.4). Family as a Third Space for AI Literacies: How do children and parents learn about AI together?. In Proceedings of the 2022 CHI conference on human factors in computing systems (pp. 1-17).
Ho, H.-R., et al.(2024). "It's Not a Replacement:" Enabling parent-robot collaboration to support in-home learning experiences of young children. arXiv.
Mobicip(2025.4). AI and Education: Practical Tips for Parents. https://www.mobicip.com/blog/ai-and-education-practical-tips-for-parents
Parents International(2025). Parents' perspectives on digital literacy, AI, and crisis preparedness: Insights from the DRONE Project. Parents' Synthetic Report.
Qualter, D., & Farrell, R.(2025.1.22). Parental and family involvement in children's digital learning: Bridging policy and practice. European Educational Research Association.
Shen, J. K., et al.(2025). eaSEL: Promoting social-emotional learning and parent-child interaction through AI-mediated content consumption. arXiv.
Zhang, Z., et al.(2022). StoryBuddy: A human-AI collaborative chatbot for parent-child interactive storytelling with flexible parental involvement. arXiv.

10
AI 시대의 교육 철학과 윤리

지금 우리에게 필요한 것은 기술의 진보를 넘어서는 교육의 철학적 재정의다. AI를 도입하는 것이 교육을 혁신하는 것이라면, 우리는 그 혁신이 어떤 인간상을 지향하는지, 어떠한 사회를 구현하려는 것인지에 대한 철학적 기준을 분명히 가져야 한다. 기술보다 사람을 중심에 둔 교육, 효율성보다 의미와 성장을 중심에 둔 교육, 바로 그것이 AI 시대에 더욱 필요한 교육의 철학이다.

AI와 미래 의사?

기술의 발전과 교육철학의 빈자리

21세기 들어 AI는 더 이상 미래의 개념이 아니다. 이제 AI는 우리 일상에서 보편화되어 있으며, 교육 역시 예외가 아니다. 다양한 형태의 AI 기술이 이미 학교 현장에 적용되고 있으며, 초등학생조차 유튜브의 추천 알고리즘, 음성 인식 장치, 챗봇 기반의 학습 플랫폼 등 다양한 방식으로 AI를 경험하고 있다. 교사들은 AI 기술을 활용해 수업을 설계하고 학생 피드백을 검토하며, 학습 결과를 분석하는 데 이르기까지 그 활용 범위를 빠르게 확장하고 있다. 그러나 이와 같은 기술 중심의 급속한 변화 속에서 우리가 놓치고 있는 중요한 질문이 있다. 그것은 바로 "교육이란 무엇인가?", "기술은 누구를 위한 것인가?", "이러한 기술은 인간의 성장과 어떤 관계를 맺고 있는가?"라는 교육철학적 질문이다. 교육 현장에 AI 기술을 도입하고 적용하는 것은 점점 더 친숙해지고 있지만, 정작 그러한 기술이 교육의 본질적 목적과 어떻게 연결되어야 하는지에 대한 논의는 여전히 부족한 편이다.

기술은 도구다. 도구는 인간의 목적과 가치 및 세계관에 따라 해석되고 사용된다. 그러나 교육 분야에서는 도구가 단지 효율성이나 자동화의 목적만으로 사용되어서는 안 된다. 교육은 인간을 대상으로 하는 행위이며 인간의 성장과 존엄 및 전인적 발달이라는 본질적 가치를 중심에 둬야 한다. 이러한 맥락에서 보면 기술의 역할은 '학습을 돕는 수단'일 수는 있지만 교육의 방향이나 철학 자체를 대체할 수는 없다. AI가 아무리 똑똑해지고 정교해져도, 그것이 인간을 이해하거나 가능성을 판단하는 윤리적 주체가 될 수는 없다.

OECD(2021)는 교육에서 AI를 사용할 때 인간 중심의 접근을 반드시 견지해야 한다고 강조하며 학생의 안전과 프라이버시 및 정서적 복지와 같은 요소를 AI 도입의 최우선 고려 사항으로 제시한 바 있다. 이는 AI 기술을 사용하는 목적과 방식에 대한 윤리적 기준이 필요함을 뜻하며, 기술의 사용 자체보다 더 중요한 것이 '왜', '어떻게' 사용하는가에 대한 판단이라는 사실을 상기시켜 준다. 특히 초등교육의 경우 기술을 활용할 때 학생들이 기술을 어떻게 이해하고 받아들이며 어떤 가치를 중심으로 기술과 관계 맺는지를 고려해야 한다. 학생들이 AI를 그저 편리한 도구로만 인식하는 것이 아니라, 그 기술이 인간의 삶에 어떤 영향을 주는지, 어떻게 사회를 구성하고 변화시키는지를 성찰할 수 있도록 돕는 것이 중요하다. 이러한 질문을 제기하는 능력, 즉 "왜 사용하는가?", "무엇을 위해 사용하는가?", "그 결과는 누구에게 어떤 의미를 가지는가?"라는 질문은 바로 철학적 사고의 출발점이며 AI 시대에도 변함없이 교육의 핵심으로 남아야 한다.

지금 우리에게 필요한 것은 기술의 진보를 넘어서는 교육의 철학적 재정의다. AI를 도입하는 것이 교육을 혁신하는 것이라면, 우리는 그 혁신이 어떤 인간상을 지향하는지, 어떠한 사회를 구현하려는 것인지에 대한 철학적 기준을 분명히 가져야 한다. 기술보다 사람을 중심에 둔 교육, 효율성보다 의미와 성장을 중심에 둔 교육, 바로 그것이 AI 시대에 더욱 필요한 교육의 철학이다.

인간 중심 인공지능과 교육의 철학적 방향

AI 시대의 교육이 지향해야 할 가장 본질적인 가치 중 하나는 바로 인간 중심 인공지능이다. 이는 기술이 교육을 대체하거나 일상을 지배하는 것이 아니라, 인간의 자율성과 존엄성을 존중하고 인간의 삶의 질을 향상시키는 방향으로 기술이 설계되고 활용되어야 한다는 철학적 관점을 의미한다. 교육에서 AI는 단순히 정보를 제공하거나 효율을 높이는 도구가 아니라 인간의 성장과 공동체적 삶을 실현하는 데 봉사하는 수단으로 기능해야 한다. 다시 말해 AI는 교육의 목적이 아니라 교육의 목적을 실현하기 위한 수단으로 존재해야 한다는 점에서, 교육의 중심에는 여전히 인간이 자리하고 있어야 한다.

유럽연합위원회(European Commission)는 2019년 '신뢰할 수 있는 AI(Trustworthy AI)'를 위한 핵심 원칙으로 투명성, 공정성, 설명 가능성, 책임성 등을 제시하며, 모든 AI 시스템은 인간의 가치와 기본권에 기반해 설계되어야 한다고 강조했다. 유네스코 또한 2021년 'AI 윤리에 관한 권고안(Recommendation on the Ethics of Artificial Intelligence)'을 채택해, 교육 분야에서 AI 활용 시 인권 보호, 포용적 접근, 프라이버시 존중, 알고리즘 편향 방지 등의 윤리적 기준을 제시하며, 특히 아동과 청소년의 권리를 보호할 것을 각국 정부에 권고했다. 이러한 국제적 논의는 AI 기술의 도입이 단지 기술적 혁신이 아니라 교육의 방향성과 목적에 대한 철학적 재정립을 요구하고 있음을 명확히 보여 준다. AI 시대의 교육이 갖추어야 할 철학적 방향은 다음과 같이 정리할 수 있다.

첫째, 학생의 자율성을 존중하는 교육이 되어야 한다. AI 기술은 학습자의 반응을 빠르게 분석하고 맞춤형 콘텐츠를 제공할 수 있지만, 이로 인해 학생이 기술이 제시하는 경로만을 따라가는 수동적 존재가 되어서는 안 된다. 교사는 기술이 제공하는 정보를 학습자가 비판적으로 해석하고 선택할 수 있도록 지도해야 하며, 기술이 아니라 인간이 결정의 주체임을 일깨워야 한다.

둘째, 사회적 포용성을 강화하는 교육 환경을 조성해야 한다. AI는 훈련된 데이터에 따라 편향된 결과를 도출할 수 있으며, 이는 특정 성별, 인종, 언어, 사회경제적 배경을 가진 학습자를 차별하거나 소외시키는 위험으로 이어질 수 있다. 따라서 AI 기반 학습 시스템을 설계하거나 활용할 때는 다양성과 공정성을 적극적으로 반영하고, 누구도 배제되지 않는 학습 환경을 조성하는 것이 교육의 윤리적 책무가 된다.

셋째, 기술 윤리와 시민성을 기르는 교육이 되어야 한다. 학생은 AI를 사용하는 능력만이 아니라 기술이 사회에 미치는 영향을 판단하고 책임 있게 행동할 수 있는 시민적 역량을 갖추어야 한다. 특히 개인정보 침해, 저작권 문제, 알고리즘의 불투명성 등 다양한 윤리적 쟁점에 대해 비판적으로 사고하고 토론할 수 있는 기반을 초등교육에서부터 마련해야 한다.

넷째, 기술을 통한 더 나은 사회 만들기를 실천하는 교육이 필요하다. 기술은 인간 삶의 문제를 해결하기 위한 도구이며, 그 도구는 공동체적 삶을 개선하고 사회적 가치를 실현하는 데 사용되어야 한다. 따라서 학생들이 기술을 통해 공익적 문제를 인식하고, 이를 해결하기 위한 창의적 실천을 기획할 수 있도록 돕는 교육이 중요하다.

이와 같은 방향은 기술 중심 교육의 한계를 극복하고 인간 중심의 교육 패러다임을 회복하는 데 핵심적인 역할을 한다. 특히 초등교육에서 이러한 방향성을 제시하는 것은 매우 중요하다. 이 시기의 학생들은 아직 가치 판단 능력이 충분히 성숙하지 않은 단계이며, 교사와 가정이 제공하는 교육적 맥락과 철학적 기반을 통해 사고 형성과 세계관에 영향을 받는다.

AI를 교육 현장에 도입하는 것은 단지 학습의 편의성이나 효율성 향상을 위한 문제가 아니라, 인간이 기술을 어떻게 받아들이고, 어떤 방향으로 사회를 재구성해 나갈 것인가에 대한 윤리적이고 철학적인 선택의 문제다. 우리는 학생들에게 AI를 어떻게 쓸지를 가르치는 것과 동시에 왜 써야 하는지를 질문할 수 있어야 하며, 그러한 질문 속에서 교육의 본질과 미래의 인간상을 함께 고민하는 실천적 교육 철학이 요청된다.

초등교육에서 AI교육을 위한 교육철학적 방향

AI 시대의 교육은 기술을 전달하는 것이 아니라 가치의 내면화, 즉 '인간다움'을 되묻는 교육이어야 한다. 특히 초등학생은 가치관과 삶의 태도가 형성되는 시기에 있으며, 이 시기의 AI 교육은 기술과 인간, 사회와 책임의 관계를 성찰하도록 돕는 교육철학적 기반 위에 설계되어야 한다.

AI 윤리 교육의 중심에는 교사가 있다. 교사는 단지 지식과 정보를 전달하는 역할에 그쳐서는 안 된다. 교사는 학생이 기술을 비판적으로 해석하고, 윤리적 관점에서 판단하며, 스스로 가치 기준을 형성할 수 있도록 돕는 교육적 안내자이자 사유를 자극하는 촉진자로 역할이 필요하다. 초등학생은 아직 인지적 · 도덕적으로 성숙하지 않은 존재이기 때문에, 교사는 수업 속에서 열린 질문을 지속적으로 제기함으로써 학생이 사고의 틀을 넓히고 자신의 판단을 구성할 수 있도록 도와야 한다. “이 기술은 모두에게 공정할까?”, “이 앱은 나의 데이터를 어떻게 활용할까?”, “누가 이 AI에게 기준을 가르쳤을까?”와 같은 질문은 학생이 기술의 중립성이라는 환상을 넘어, 기술이 작동하는 맥락과 그 이면에 자리한 편향과 책임의 문제를 성찰하도록 이끌 수 있다. 이러한 교육은 정답을 찾는 교육이 아니라, 질문을 구성하고 다양한 시각을 이해하는 교육이다. 교사는 학생들이 자신의 생각을 표현할 수 있도록 심리적으로 안전한 교실 환경을 조성하고, 정답 중심의 사고에서 벗어나 탐구 중심의 대화와 토론을 이끌어야 한다. 이는 AI 시대에 특히 중요한 시민성을 함양하는 출발점이다.

AI 윤리 교육은 교사 개인의 노력만으로 지속되기 어렵다. 학교는 윤리적 학습 환경과 제도적 기반을 조성함으로써 교육의 철학적 방향을 조직적으로 실현할 수 있는 공동체로서 기능해야 한다. 윤리란 교과서에 있는 지식이 아니라, 공동체 속에서 살아 있는 실천의 규범이기 때문이다. 이를 위해 학교는 교사와 학생이 함께 만드는 우리 학교 AI 윤리 헌장과 같은 실천 중심의 활동을 통해, 윤리적 가치가 공동체적 약속으로 구체화될 수 있도록 도와야 한다. 이 헌장은 교육 현장에 적용 가능한 실천적 규칙이자, 모두가 공유하는 윤리적 기준으로 작동할 수 있다. 또한 AI 윤리는 교과 교육에만 머물러서는 안 되며 정보, 사회, 과학 등의 다양한 교과 속에 자연스럽게 통합될 수 있도록 교과 간 융합 교육이 장려되어야 한다. 이를 위해 교사 간 협업을 지원하는 문화와 시간, 자원이 학교 차원에서 제도화되어야 한다.

AI 윤리 교육은 교실 안에서만 완성될 수 없다. 특히 초등학생의 도덕적 판단과 가치 내면화는 가정과의 지속적인 상호작용 속에서 이루어진다. 따라서 가정은 교육의 보조자가 아니라 공동 실천자이며 철학적 동반자로 재정의되어야 한다. 학교는 학부모를 대상으로 AI 윤리 연수나 가정에서 실천 가능한 윤리 활동 안내 자료를 제공함으로써, 부모가 자녀와 함께 기술에 대해 토론하고 질문하는 문화가 형성되도록 지원해야 한다. 이러한 접근은 교육의 일관성과 지속 가능성을 높이는 동시에, 학교와 가정이 학습자의 삶을 함께 돌보는 교육 생태계로 작동하도록 돕는다.

AI 윤리 교육은 단순한 교과목의 확장이 아니라 교육 전체를 관통하는 철학적 전환의 실천이다. 교사는 질문을 던지는 사유의 촉진자, 학교는 윤리적 삶의 문화를 형성하는 공간, 가정은 실천의 기반이 되는 공동체로서 역할을 수행해야 한다. 이 세 주체가 연결될 때, 초등교육은 인간을 중심에 둔 교육으로, AI 시대에도 삶의 의미와 방향을 묻는 교육으로 진화할 수 있다.

인간을 위한 AI교육과 교육철학

AI의 비약적인 발전은 교육의 양상과 환경을 빠르게 변화시키고 있다. 정보의 전달과 평가, 피드백의 자동화까지 AI는 교육의 많은 영역을 재구성하고 있으며, 특히 초등교육 현장에서도 그 활용 가능성은 점점 확대되고 있다. 그러나 기술의 활용이 곧 교육의 진보를 의미하지는 않는다. 중요한 것은 그 기술이 어떠한 인간을 길러 내고, 어떤 사회를 만들어 가려는가라는 질문에 대해 명확한 철학적 답을 내리는 것이다.

AI 시대의 교육은 'AI를 가르치는 교육'을 포함해 'AI와 더불어 살아갈 인간을 위한 교육'이어야 한다. 이는 인간 중심의 철학, 윤리적 판단 능력, 공동체적 감수성, 자율성과 시민성을 핵심 가치로 삼는 교육을 의미한다. 따라서 디지털과 인공지능에 대한 최신의 기술을 어떻게 해석하고 사용할 것인가에 대한 성찰과 판단을 기르는 과정을 내포해야 한다.

특히 초등교육은 이러한 전환의 중심에 있어야 한다. 초등학생은 아직 가치 판단과 정체성이 형성되는 초기 단계에 있으며, 이 시기의 교육은 기능 습득이나 정보 이해를 넘어서 삶의 태도, 윤리적 감수성, 공동체 속의 나를 자각하는 경험이 되어야 한다. AI 교육은 바로 이 지점에서 철학적 토대를 필요로 한다.

이를 실현하기 위해 교사는 기술을 비판적으로 해석하고 의미화할 수 있도록 이끄는 교육 촉진자, 학교는 윤리 문화를 실천하는 공동체, 가정은 교육의 철학적 동반자의 역할을 감당해야 한다. 교사는 질문을 통해 사유를 유도하고, 학교는 AI 윤리와 융합 교육을 제도적으로 통합하며, 가정은 일상 속에서 아이와 함께 기술과 사회에 대해 질문하며 성찰하는 기반이 되어야 한다. 결국 AI 시대의 교육은 AI에 대한 내용을 배우는 것과 AI를 활용하는 것을 포함해 어떤 교육 철학으로 가르칠 것인가가 핵심 과제로 함께 포함되어야 할 것이다.

참고문헌

European Commission(2019.4.8). Ethics guidelines for trustworthy artificial intelligence. High-Level Expert Group on AI.

Holstein, K., & Aleven, V.(2021). Designing for human-AI complementarity in K-12 education. arXiv.

OECD(2021). OECD digital education outlook 2021: Pushing the frontiers with AI, blockchain and robotics. OECD Publishing.

OECD(2019). OECD principles on artificial intelligence. OECD.

OECD(2025). What should teachers teach and students learn in a future of powerful AI? OECD Education Spotlight.

UNESCO(2021). Recommendation on the ethics of artificial intelligence. UNESCO.

UNESCO(2024). AI competency framework for teachers. UNESCO.

신승기

서울교육대학교 정보교육과 교수로 재직 중이며, 교육전문대학원에서 컴퓨터교육전공, 인공지능교육전공, 인공지능미래교육전공 교수로서 강의와 연구를 통해 후학을 양성하고 있다. 미국 University of Georgia에서 교육학 박사학위(Ph.D.)를 취득했으며, Arizona State University에서 Computer Science Education 전공 교수와 Carl Vinson Institute of Government 연구원으로 근무한 경력이 있다. 주요 연구 분야는 컴퓨팅 사고력, 정보과교육과정, 인공지능 교육, 게임 기반 학습 등이다.